La missione della Pulzella

ELOGI per *La missione della Pulzella*

"Giovanna ribalta le aspettative in modo così assoluto che i meri fatti non bastano a spiegarlo."
— Mary Gordon
Joan of Arc

"Cosa può dire uno storico delle vicende quasi incredibili di una contadina analfabeta che ha alterato il corso della storia, intimidito re, surclassato generali, e che si è elevata al di sopra delle capacità umane fino a raggiungere la santità?"
— Morris Bishop
The Middle Ages

"Ha agito correndo enormi pericoli fisici sia per la propria verginità che per la propria vita, rischiando di perdere reputazione e influenza... Eppure, Giovanna non si è mai fatta scoraggiare da pericoli e calunnie, proprio in virtù della sua fiducia in Dio come capitano e leader."
— Donald Spoto
Joan: The Mysterious Life of the Heretic Who Became a Saint

"Nella tarda primavera del 1429, la vittoria inglese sembrava vicina, se non inevitabile. Fu allora che entrò in scena Giovanna la Pulzella. Lasciando chiunque di stucco, ispirò la liberazione di Orléans e guidò il delfino Carlo a Reims per la sua consacrazione e incoronazione."
— Régine Pernoud e Marie-Véronique Clin
Giovanna d'Arco

"Ma supponiamo per un momento che la lettera originale fosse giunta davvero a Bedford. Come l'avrebbe influenzato? . . . Gli inglesi, eccetto che nella poesia, non sono un popolo immaginoso: nella politica concreta tendono ad affidarsi alla forza più che all'immaginazione, metodo che funziona novantanove volte su cento. Giovanna fu la centesima."
— Vita Sackville-West
Saint Joan of Arc

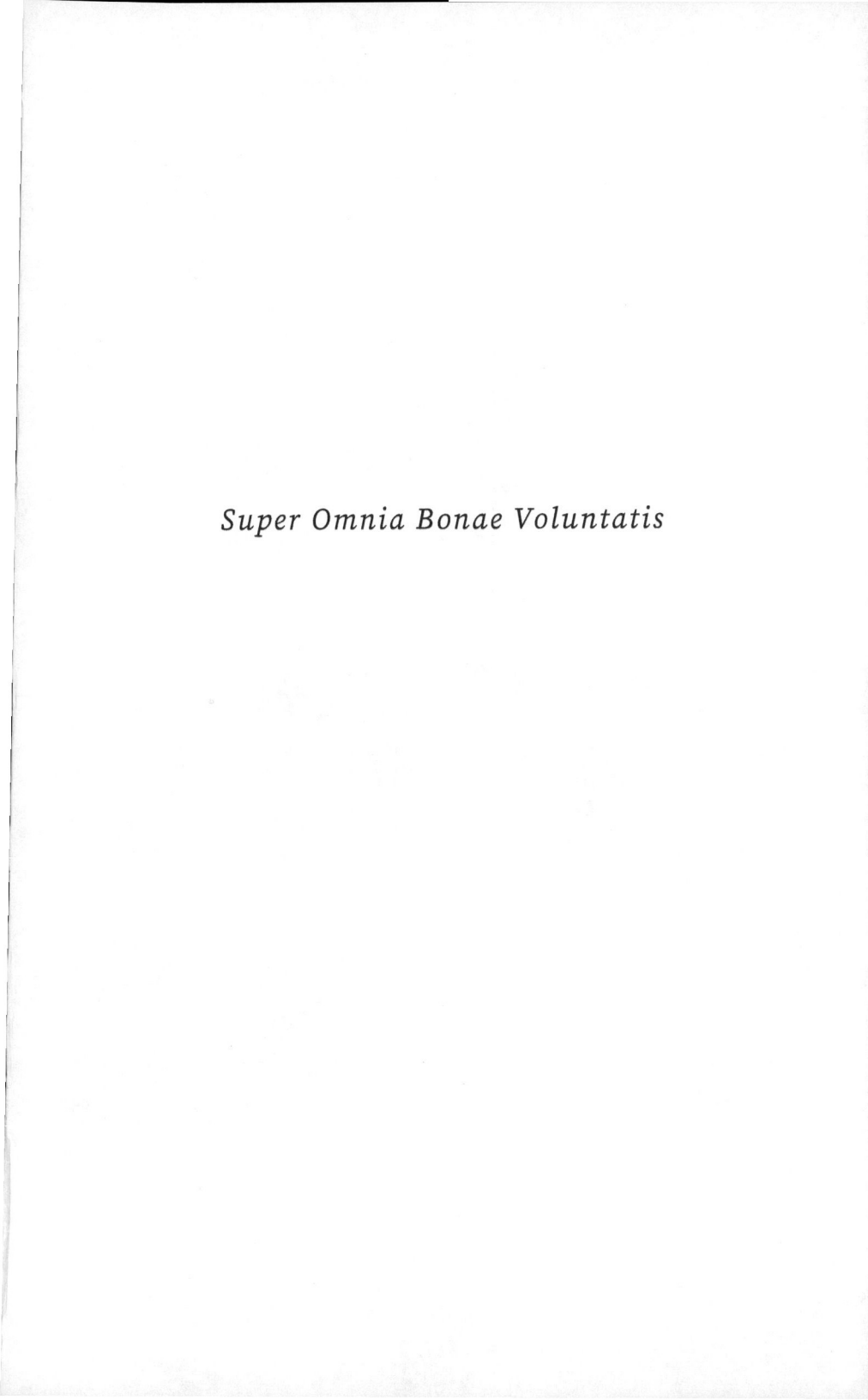

Super Omnia Bonae Voluntatis

La missione della Pulzella

La storia eroica di Giovanna d'Arco

Frate Emmanuel Labrise, O.S.B.

Un eroe è scelto

Libro Due

Saint Joseph Books

Saint Joseph Books
Saint Benedict, LA

Titolo in inglese: *Mission of the Maiden: The Hero Story of Joan of Arc*
Traduzione di Mariarosaria Musco
Illustrazione interna di Izabela Ciesinska
Mappe a cura di John Labrise
Copertina a cura di Sam Wall

Immagine di copertina: *Giovanna d'Arco in armatura davanti a Orléans*
di Jules-Eugène Lenepvue (1819–1898), dipinto tra il 1886–1890
(commons.wikimedia.org/wiki/File:Lenepveu,_Jeanne_d%27Arc_au_si%C3%A8ge_d%27Orl%
C3%A9ans.jpg).

ISBN 978-1-963123-25-8 (copertina rigida)
ISBN 978-1-963123-26-5 (tascabile)
ISBN 978-1-963123-27-2 (ebook)

Ogni citazione delle Sacre Scritture contenuta nella versione italiana di questo volume è tratta da
La Sacra Bibbia, CEI 2008 (www.bibbiaedu.it/CEI2008/). Tutti i diritti sono riservati.

Ho fatto tutto il possibile per mettermi in contatto con i detentori dei diritti d'autore.

Prima stampa 2025.

Indice

Parte Uno: Contesto storico

Parte Due: La missione della Pulzella

Introduzione alla serie

Riflessioni di un monaco fuori dal comune è il primo libro della serie *Un eroe è scelto* e ne costituisce il fondamento spirituale e morale. A cominciare dal secondo libro, *La missione della Pulzella*, ogni volume sviluppa gli argomenti e i temi introdotti in *Riflessioni di un monaco fuori dal comune*. L'obiettivo primario di questa serie è quello di trasmettere i princìpi spirituali cristiani e di insegnare la virtù morale attraverso la storia di un santo-eroe.

È necessario qui fare un'osservazione sul concetto centrale e sui temi predominanti in ogni volume, a cominciare da *La missione della Pulzella*. Ogni storia, sia essa relativa a fatti reali o non, racconta di uno o più santi-eroi chiamati da Dio a una particolare vocazione e scelti da Lui per portare a termine una missione personale. Il contesto storico è fondamentale. Una grossa parte di ogni volume è dedicata all'inserimento del protagonista maschile o femminile nel proprio contesto storico, cioè quello in cui gli viene offerta l'opportunità di svolgere uno o più compiti, e di affrontare uno o più avvenimenti, che concorrono a consacrarlo come santo-eroe. In tutti i casi, eccetto quello di Remmy Kimm, che appare nel racconto di fantasia *Una storia di vocazione mai raccontata*, ciò accade nell'ultima parte delle loro vite e può protrarsi tanto per anni quanto per un solo giorno. L'arco temporale non ha la stessa importanza dell'evento-eroe o del momento-eroe. È possibile diventare santi-eroi grazie a un solo atto eroico alla fine dei propri giorni o attraverso una vita intera di azioni altruiste. Dom Tom Mo, l'altro protagonista di *Una storia di vocazione mai raccontata*, è chiamato nel giro di poche ore a sacrificare la sua vita per i passeggeri dell'astronave su cui è a bordo. Remmy Kimm, invece, è chiamata a prestare anni di servizio missionario e a sopravvivere a un incontro ravvicinato con la morte. Entrambi sono martiri, uno rosso (sangue, morte) e l'altra bianca (asservita generosamente agli altri).

Neppure la posizione sociale occupata al momento della chiamata è importante quanto l'evento-eroe e il momento-eroe. Giovanna d'Arco è stata chiamata dall'anonimato a una missione pubblica durata poco meno di un anno e culminata nella sua morte sul rogo con l'accusa di eresia. Tommaso Moro, al contrario, è stato chiamato da una posizione di rilievo a sacrificare la sua prominenza nella società inglese per condurre una vita di devozione alla fede che aveva professato. Anche Gesù di Nazareth è stato chiamato dall'anonimato a un ruolo pubblico che è durato circa tre anni ed è finito con la sua crocifissione. L'evento-eroe e il momento-eroe eclissano anche qualsiasi competenza o risorsa posseduta al momento della chiamata. Con la possibile eccezione di San Tommaso Moro, i protagonisti sono sempre degli svantaggiati.

Una seconda riflessione si rende necessaria per stabilire la collocazione di questi volumi nel mondo della letteratura. È mia opinione che nessun libro di questa serie, sia esso d'ispirazione storica o fantastica, debba considerarsi in senso stretto un'opera di biografia, storia o finzione, sebbene al suo interno contenga resoconti biografici, contenuti storici o inventati. Né tantomeno si può parlare di agiografie, malgrado i volumi di questa serie trattino delle vite di santi canonici. Sono, piuttosto, storie di santi-eroi che si inseriscono nel genere della letteratura saggistica cristiana.

Chi ha apprezzato le opere di Joseph Campbell, in particolare il suo influente *L'eroe dai mille volti*, potrebbe trovare qualcosa di meritevole tra le pagine di questi volumi. Non ho cercato, tuttavia, di modellare i personaggi inventati sulla sua scrittura, e non ho neppure provato a inquadrare la narrazione delle storie di personaggi realmente esistiti muovendo dal suo lavoro sul mito e sulle figure mitiche. Più che altro, sono attratto dall'archetipo e dal comportamento archetipico del santo-eroe che è sepolto nel subconscio di ogni essere umano, questo a patto di concordare con le teorie junghiane. Quest'archetipo, come molti altri, si manifesta nei film, nei libri, nell'arte e nelle performance pubbliche di individui di ogni età, dall'antichità ai film più famosi dei nostri giorni. È l'archetipo del santo-eroe a costituire il fondamento psicologico delle storie di questa serie.

Ho ritenuto utile fornire un breve elenco terminologico su cui i lettori possano concentrarsi. La ragione per cui non offro le definizioni dei singoli termini, tuttavia, è che esiste una certa fluidità di significato riconducibile alla vita di ogni individuo, ma credo che anche il semplice menzionarli aiuterà i lettori a riconoscere gli aspetti salienti di ogni storia, nonché il tema e l'idea alla base di questa serie. L'elenco terminologico è disponibile alla pagina seguente.

Elenco terminologico

1. Appagamento nella vita
2. Avventura-eroe
3. *Deus ex machina*
4. Esperienza culmine
5. Esperienza nel deserto
6. Evento-eroe
7. Maree della storia
8. Missione
9. Mistero
10. Momento-eroe
11. Morte che porta all'eternità
12. Oceani dell'eternità
13. Pellegrinaggio
14. Pellegrino
15. Purificazione
16. Realizzazione nella vita
17. Ricerca dell'eroe
18. Ricompensa
19. Sabbie del tempo
20. Santificazione
21. Santità
22. Santità personale
23. Santo in fieri
24. Santo-eroe
25. Scopo della vita
26. Sequenza della missione

Libro Due

La missione della Pulzella

Introduzione al Libro Due

Questo umile libricino si aggiunge a una lunga lista di scritti su Giovanna d'Arco. Esso non aspira ad aggiungere qualcosa di nuovo alla letteratura esistente, ma offre una breve e comprensibile versione della vita di Giovanna nel suo contesto storico, nonché della sua storia eroica all'interno della serie *Un eroe è scelto*.

La missione della Pulzella parla di una santa-eroina conosciuta come "Giovanna d'Arco", ma non sarà così che mi riferirò a lei dopo questa introduzione. Dalle testimonianze pervenuteci, sappiamo che al suo processo fu la stessa Giovanna a dire che gli abitanti del suo villaggio, Domrémy, la chiamavano "Jehanette" ("piccola Jehanne" [1]) ma che, una volta lasciata casa e intrapreso il viaggio attraverso la Francia per compiere la sua missione, il nome che tutti usavano per lei era "Jehanne". Inoltre, anche se al processo testimoniò che il padre si chiamava "Jacques d'Arc", non abbiamo nessuna prova che lei venisse chiamata "Jehanne d'Arc" ("Giovanna d'Arco"). Al contrario, alcune testimonianze

---

[1] Pronuncia: ʒəan.

contemporanee ci dicono che il nome con cui lei stessa si identificava, e con cui era conosciuta dai francesi durante la sua missione pubblica, era "Jehanne la Pucelle" ("Giovanna la Pulzella" in italiano). Inoltre, sebbene analfabeta, Giovanna imparò a scrivere il suo nome e, nelle lettere da lei dettate e pervenuteci, si firma di suo stesso pugno come "Jehanne la Pucelle".

Interpretare il termine "la Pucelle" nel modo in cui Giovanna e i suoi contemporanei lo intendevano è fondamentale per comprendere l'immagine che lei aveva di sé stessa, la sua identità personale e com'era conosciuta ai suoi tempi: ossia come una "giovane vergine nubile". Fu solo dopo aver lasciato Domrémy e intrapreso la sua missione, che Giovanna adottò l'appellativo "la Pucelle", come se si fosse lasciata alle spalle un'identità (la contadina avvezza a faccende e lavori tipici della vita in un villaggio medievale) per abbracciarne un'altra (la giovane vergine che risponde alla chiamata di Dio e diventa soldato e capitano per combattere in nome del legittimo re di Francia ed espellere gli usurpatori inglesi). Insieme alla sua missione, Giovanna accolse una nuova identità, un nuovo ruolo e un nuovo appellativo: "la Pucelle".

Stando alle testimonianze di chi la conosceva a Domrémy e di chi partecipò al suo processo di riabilitazione, le qualità che Giovanna dimostrò di avere come soldatessa e guerriera non erano evidenti quando era ancora una contadina. Pare che in lei ci sia stata una trasformazione, come quando Abram lasciò Aran su richiesta del Signore e ricevette una nuova missione (diventare il

Padre di una grande nazione) e un nuovo nome (Abramo) che corrispondeva alla sua nuova identità. L'assegnazione di un nuovo nome per accompagnare una nuova missione e una nuova identità è comune nelle Sacre Scritture (per es., da "Giacobbe" a "Israele", da "Simone" a "Pietro", da "Saulo" a "Paolo"). Quando "Jehanette" lasciò Domrémy, diventò "Jehanne la Pucelle" ("Giovanna la Pulzella") e non si occupò mai più di faccende contadine come nella sua vecchia vita.

In italiano, il nome "Giovanna" non differenzia tra "Jehanette, la contadina di un villaggio" e "Jehanne, la soldatessa-eroina-guerriera", ma ne designa l'identità sia *prima* sia *dopo* la partenza da Domrémy. Tuttavia, per le ragioni sopraelencate e specialmente in riferimento a questa serie, sembra appropriato assicurare una distinzione. Dato che la forma abbreviata di "Giovanna" ("Giovannina") è raramente usata in italiano e mai utilizzata per riferirsi alla nostra santa-eroina, ho pensato che la distinzione di cui sopra si potesse esplicitare col suo appellativo. In italiano, il termine pulzella, oltre a essere associato per antonomasia proprio a Giovanna, indica una "fanciulla non maritata, vergine", ricalcando esattamente il corrispettivo francese di "pucelle". Per questo, nella narrazione della sua storia, e dal momento in cui ella intraprende la sua missione pubblica, mi riferisco a lei col nome di Giovanna la Pulzella, appellativo che i suoi contemporanei avrebbero immediatamente riconosciuto, e correttamente interpretato, e che protegge in modo inequivocabile la sua immagine e identità.

Preservare questa distinzione è appropriato per un ulteriore motivo: essa non riflette solo la trasformazione subìta da Giovanna, ma anche quella avvenuta in me, e spero in chiunque legga questo libro. Giovanna è un personaggio storico famoso e chiunque sa qualcosa della sua vita (per esempio che era una contadina francese diventata cavaliere, che indossava l'armatura e brandiva una spada e uno stendardo, che fu bruciata sul rogo per aver aiutato il re di Francia contro gli inglesi, ecc.). Era più o meno questo che sapevo di lei prima di cominciare le ricerche per questo libro, ma nell'ultimo anno ho sviluppato per Giovanna un profondo rispetto che si è trasformato in venerazione.

Lei era tutt'altro che perfetta, ma aveva solo diciannove anni quando fu martirizzata e, nella sua breve vita, dimostrò un carattere e una determinazione ammirabili, che per molti di noi sarebbe difficile, se non impossibile, emulare. Sono rimasto molto colpito dalla sua integrità e dal suo eroismo, e spero che anche i lettori condivideranno il mio apprezzamento, a patto che non lo provino già. Dentro di me è avvenuta una trasformazione dalla "Giovanna che conoscevo prima" alla "Giovanna che conosco ora", un mutamento che riflette quello avvenuto in lei nel suo percorso terreno da "Giovanna prima della vocazione e missione" alla "Giovanna la santa-eroina che rispose alla chiamata di Dio".

Le trasformazioni possono essere avvertite in un particolare momento nel tempo, ma spesso sono frutto di un processo più lungo e, in qualche modo, di un viaggio. Spero che viviate questo libro come un percorso di crescita spirituale che rispecchia il viaggio di Giovanna verso Dio e l'eternità e, come per gli altri miei libri, spero che facciate uso delle pagine finali per annotare pensieri e riflessioni personali. Soprattutto, spero che in ognuno di voi abbiano luogo entrambe le trasformazioni — (1) nella comprensione e nella stima di Giovanna e (2) nella crescita di virtù che nasce dal rispondere alla chiamata alla santità.

~

Un'ultima cosa: ricordo ai lettori che questo libro non è una biografia in senso stretto, ma un resoconto biografico basato su un modesto numero di ricerche che fa seguito a *Riflessioni di un monaco fuori dal comune* e ne incorpora alcune idee e concetti. *La missione della Pulzella* è il secondo di una serie di libri interamente costruiti a partire da *Riflessioni di un monaco fuori dal comune*: tutte storie di uomini e donne nelle cui vite si ritrovano gli aspetti essenziali dell'eroismo e della santità cristiani. Lo scopo principale di *La missione della Pulzella* è fornire un resoconto biografico della vita di Giovanna nel suo contesto storico e di raccontarne la storia nel contesto di questa serie.

Date importanti
dal 1302 al 1920

1302   Papa Bonifacio emana l'*Unam Sanctum*
       Battaglia di Bafeo

1303   Battaglia di Courtrai

1309   Inizio del papato avignonese (1309–1377)

1312   Concilio di Vienne (1312–1314)

1322   Carlo IV, re di Francia (re 1322–1328)

1328   Filippo VI di Valois, re di Francia (re 1328–1350)
       Eletto al trono al posto di Edoardo III d'Inghilterra

1329   Edoardo III rende omaggio a Filippo VI per l'Aquitania

1335   Palazzo dei Papi costruito ad Avignone

1337   Inizio della Guerra dei cent'anni

1338   Turchi ottomani raggiungono il Bosforo

1340   Battaglia di Sluis

1346   Battaglia di Crécy
       Gli inglesi conquistano Calais

1347   Prima epidemia di peste bubbonica in Europa

1350   Giovanni II, re di Francia (re 1350–1364)

1415   Battaglia di Azincourt
Esecuzione di John Hus

1419   Inizio delle guerre hussite (1419–1436)

1416   Giovanni Senza Paura, duca di Borgogna, riconosce
Enrico V come re di Francia

1418   I Borgognoni prendono Parigi

1419   Assassinio di Giovanni Senza Paura, duca di Borgogna

1420   Maggio: trattato di Troyes
Agosto: morte di Enrico V d'Inghilterra
Ottobre: Morte di Carlo VI di Francia
Enrico VI, re d'Inghilterra (re 1422–1461, 1470–1471)
Carlo VII, re di Francia (re 1422–1461)

1424   Battaglia di Verneuil

1428   Assedio di Orléans
Giovanna raggiunge Vaucouleurs

1429   Febbraio: Giovanna raggiunge Chinon
Maggio: fine dell'assedio di Orléans
Giugno: battaglia di Patay
Luglio: incoronazione di Carlo VII
Settembre: l'assedio francese di Parigi fallisce

1430   Maggio: i Borgognoni catturano Giovanna a Compiègne

1431   Gennaio: inizio del processo di Giovanna a Rouen
Maggio: esecuzione di Giovanna

1431   Concilio di Basilea (1431–1449)

1435   Trattato di Arras

1436   Parigi giura fedeltà a Carlo VII

1449   I francesi riconquistano Rouen

1450   Gutenberg apre un'officina per la stampa libraria

1453   Luglio: Battaglia di Castillon
        Fine della Guerra dei cent'anni
        I Turchi ottomani prendono Costantinopoli

1456   Processo di riabilitazione di Giovanna

1558   Gli inglesi perdono Calais

1920   Giovanna viene proclamata santa

Parte Uno

Contesto storico

Mi scoppia il cuore in petto, mi batte forte,
     non riesco più a tacere;
perché ho udito il suono del corno,
     il grido di guerra.
Si annuncia un disastro dopo l'altro:
     tutta la terra è devastata.
A un tratto sono distrutte le mie tende,
     in un attimo i miei padiglioni.

                    Geremia 4,19-20

1

Carlo, delfino di Francia (1428)

Nel 1428, a Carlo VII e a gran parte dei suoi contemporanei dovette sembrare che i famosi quattro cavalieri dell'Apocalisse — guerra, fame, conquista e morte —, dopo aver imperversato sull'Europa per più di un secolo, fossero giunti alle mura di Orléans assieme all'esercito inglese, che metteva sotto assedio una delle più importanti città francesi. Nel 1425, il famoso e molto temuto duca di Bedford, fratello minore del defunto re Enrico V d'Inghilterra e reggente di Francia per il nipote, il re-bambino Enrico VI (1421-1471), era tornato in terra natìa per risolvere una disputa interna tra i suoi connazionali. La sua assenza, tuttavia, non aveva portato alcun vantaggio a Carlo. Nel marzo del 1427, Bedford era di nuovo in Francia con un piano per mettere fine al lungo conflitto cominciato nel 1337 tra inglesi e francesi. Se fosse riuscito a ottenere il controllo di Orléans, sulla Loira, e a usare la città come base operativa, lui e gli alleati Borgognoni avrebbero potuto sbaragliare l'opposizione dei delfinisti e mettere fine alle aspirazioni di Carlo di essere incoronato re di Francia, consolidando così la sovranità del giovane Enrico VI d'Inghilterra sui territori francesi.

Tenere Orléans nella causa delfinista era fondamentale per Carlo. Le forze d'assedio al comando del conte di Salisbury erano esigue — circa quattromila soldati — ma la minaccia era esistenziale e potenzialmente catastrofica. Carlo valutò la possibilità di rifugiarsi in Scozia, ma nelle campagne francesi circolava una profezia su una fanciulla mandata da Dio a riorientare la marea della guerra verso i lealisti. Dal presidio di Vaucouleurs, inoltre, arrivavano notizie di una giovane che affermava di star svolgendo una missione assegnatale da Dio affinché il re delfino venisse incoronato e gli inglesi venissero cacciati dalla Francia per sempre. Forse Carlo si chiese se, proprio attraverso quella giovane fanciulla, Dio avrebbe finalmente liberato il suo regno dagli inglesi, oltre che dai quattro cavalieri, riportando la pace su una terra che nell'ultimo secolo aveva patito non poche sofferenze.

2

Un secolo di sofferenze
La grande carestia (1315–1322)

Fu come se l'Europa fosse destinata al disastro. Tra il decimo e il tredicesimo secolo, la convergenza di una serie di fattori propizi aveva portato il continente a una stabilità politica, nonché a un incremento nella produzione agricola e nella popolazione. Nei cinquecento anni dalla dissoluzione dell'Impero romano, il sistema feudale si era evoluto, garantendo una forma di governo e una struttura sociale stabili. Anche la Chiesa era cresciuta come istituzione e il clero aveva guadagnato importanza, affiancando un braccio governativo spirituale a quello secolare dei reali e della nobiltà. La produzione agricola era aumentata grazie al clima sempre più mite e alle piogge generose. Le foreste erano state disboscate e le paludi prosciugate per fare spazio alle coltivazioni.

Insieme alla stabilità politica ed economica, l'incremento delle scorte di cibo aveva contribuito ad alimentare un'esplosione demografica che durò fino al quattordicesimo secolo. Tra il 1000 e il 1300, la popolazione europea raddoppiò. I centri abitati si svilupparono, il commercio aumentò e le città divennero più grandi e floride. Di pari passo con l'aumento del numero dei mercanti e delle loro ricchezze, in Europa cominciò ad affiorare il ceto medio, e artigiani esperti si riunirono in gilde, esigendo una rappresentanza nei governi locali. Vennero fondate scuole e università che crebbero in prestigio e importanza, e gli antichi testi greci e arabi furono resi disponibili grazie agli studiosi islamici stabilitisi in Spagna. Le guerre continuarono, si verificarono penurie e altre avversità, ma dal decimo al quattordicesimo secolo la società medievale conobbe crescita, ricchezza, stabilità economica e politica, nonché un miglioramento del tenore di vita.

Poi il clima cambiò.

Gli Europei cominciarono a notare un irrigidimento delle temperature dopo il 1300. La primavera del 1315 fu eccezionalmente piovosa, ostacolando l'aratura dei terreni. In quelli arati, le piogge consistenti sommersero i semi piantati e fecero marcire i germogli, provocando un drammatico calo delle scorte alimentari. Gli animali soffrirono quanto i padroni umani: mandrie e greggi furono dimezzati a causa di fame e malattie. La gente si sostentò cacciando, uccidendo il proprio bestiame e consumando le scorte di grano per l'anno successivo. Le piogge abbondanti continuarono per tutto il 1316 e cominciarono a diminuire nell'estate del 1317, ma parti dell'Europa erano state inondate, soprattutto in prossimità delle coste, costringendo intere comunità a vagare nelle campagne e nelle città in cerca di cibo e lavoro. Gli inverni rimasero rigidissimi per un altro decennio e il

Mar Baltico si congelò almeno due volte: stesso destino sofferto da alcune parti del Mare del Nord.

Nel 1325, le scorte alimentari tornarono a livelli adeguati, ma le conseguenze della "grande carestia", come fu poi battezzata, afflissero la società europea per decenni, e la guerra non fece che peggiorarle. Chi nel 1325 non era ancora morto di fame, soffriva di malnutrizione e aveva un sistema immunitario molto debole. La popolazione era vulnerabile alle malattie, e questo avrebbe avuto conseguenze catastrofiche nel 1347, con l'arrivo in Europa della peste bubbonica.

3

Un secolo di sofferenze
La Guerra dei cent'anni (1337–1347)

Quando il duca Guglielmo di Normandia rivendicò la corona
d'Inghilterra alla morte dell'ultimo re anglosassone, Edoardo il
Confessore, e poi sconfisse il rivale anglosassone, Aroldo
Godwinson, nella battaglia di Hastings, il 14 ottobre del 1066, tra
i re di Francia e Inghilterra si instaurò una relazione complicata. Il
re d'Inghilterra, in virtù dei feudi francesi sotto il suo possesso,
divenne vassallo del re di Francia, inaugurando una precaria
distensione diplomatica che durò per almeno duecento anni.
Tuttavia, la tensione tra i monarchi raggiunse il culmine quando,
nel 1154, Enrico Plantageneto, vassallo del re di Francia in quanto
duca di Normandia, conte d'Angiò e duca di Aquitania, diventò
Enrico II, re d'Inghilterra. Come se non bastasse, Enrico aveva
sposato Eleonora, l'ex moglie fresca di divorzio del re di Francia,
con l'obiettivo di acquisire il ducato di Aquitania.

Il conflitto protrattosi nei cento anni successivi culminò con
il trattato di Parigi, nel 1259, quando re Enrico III d'Inghilterra
aveva già perso gran parte delle terre possedute dai suoi

predecessori. Le divergenze, però, continuarono con i rispettivi successori, anche se lievemente placate dal trattato di Amiens, nel 1279, e da quello di Parigi, nel 1286. Il dominio sul ducato della Guienna rimase comunque fonte di tensione e a volte di aperta ostilità. Filippo IV di Francia (re 1285–1314), detto il Bello, acquisì il possesso di gran parte della Guienna tra il 1294 e il 1297, e il ducato fu di nuovo invaso da Carlo di Valois nel 1324 e nel 1325.

Edoardo II d'Inghilterra rispose nominando duca di Guienna il figlio tredicenne, Edoardo, nel 1325, ma quando egli stesso fu deposto e assassinato dalla moglie, Isabella, e dall'amante, Mortimer, nel 1327, il giovane Edoardo divenne sovrano. Aveva quindici anni quando salì al trono, ma i veri detentori del potere restarono Isabella e Ruggero Mortimer, duca di March. La situazione rimase immutata fino al 1330, quando Edoardo III, ormai diciottenne e infastidito dal controllo esercitato dalla madre regina e dall'amante, non fu pronto a regnare da sé. Così fece impiccare Mortimer e imprigionò la madre nel castello.

Due anni prima di ciò, nel 1328, l'ultimo re capetingio di Francia, Carlo IV, era morto senza un erede maschio. La moglie, Giovanna, all'epoca incinta, aveva partorito una figlia, mettendo fine alla dinastia dei Capetingi. Edoardo III, allora sedicenne, era nipote di Carlo e figlio della sorella, Isabella, a sua volta figlia di re Filippo IV. Appigliandosi a ciò, Edoardo, o per meglio dire, Isabella, Mortimer e i loro consiglieri, ne approfittarono per reclamare il trono di Francia per il giovane Edoardo. I baroni francesi, però, trovarono questa rivendicazione del tutto inaccettabile e, al posto di Edoardo, scelsero per il trono il cugino di Carlo, Filippo, duca di Valois (Filippo VI, re 1328-1350), che fungeva da reggente in attesa che Giovanna partorisse. All'epoca, non c'erano regole specifiche riguardo alla successione al trono di Francia tramite una discendenza femminile, ma i nobili francesi non sopportavano l'idea di essere governati dalla regina Isabella e dall'amante Mortimer, né tantomeno volevano sottostare al controllo del sovrano di un altro regno. Filippo, trentacinquenne, aveva vent'anni in più di Edoardo, ed era uno di loro. La sua ascesa al trono diede il via a una linea di successione di tredici re per la dinastia dei Valois, che durò fino al 1589.

Edoardo III, ancora adolescente nel 1328 e sotto il controllo di Isabella e Mortimer, fu costretto a rendere l'omaggio feudale per la Guienna in una cerimonia tenutasi ad Amiens, nel 1329. Quando si sbarazzò di Isabella e Mortimer, nel 1330, e dopo aver sedato i disordini civili causati dai seguaci ribelli di Mortimer, Edoardo marciò sulla città di Berwick, in Scozia, sconfiggendo l'esercito nemico ad Halidon Hill, nel 1334. Tra le fila delle sue truppe, al fianco di cavalieri esperti, combattevano schiere di arcieri: semplici soldati di fanteria dotati di arco lungo, un'arma rivoluzionaria che, nel corso dei successivi cent'anni, avrebbe aiutato gli inglesi a ottenere sorprendenti vittorie sui francesi, facendo pendere la bilancia del potere in loro favore. I gallesi usarono l'arco lungo al servizio di Edoardo I, che ne favorì la diffusione per utilizzarlo nelle Highlands scozzesi.

L'arco lungo fu uno sviluppo rivoluzionario nella storia delle armi, al pari del carro da guerra egiziano, della sarissa greca, del gladio romano, della staffa e del cannone. L'addestramento con l'arco lungo richiedeva anni per essere completato, ma gli arcieri più bravi riuscivano a scoccare dalle sei alle dodici frecce in un solo minuto. La portata andava tra i centottanta e i duecentosettanta metri e le frecce erano in grado di perforare le armature, garantendo ai fanti un vantaggio sui cavalieri. L'arco lungo era particolarmente efficace contro questi ultimi: raffiche di frecce piombavano sulle schiene dei loro destrieri, uccidendoli, mettendoli fuori gioco o mandandoli nel panico.

I francesi non schieravano arcieri armati di archi lunghi ma di balestre, la cui cadenza di tiro era di soli due dardi al minuto. La battaglia di Halidon Hill fu solo un'anteprima di quelle che si sarebbero combattute in Francia durante la Guerra dei cent'anni e in cui l'arco lungo avrebbe giocato un ruolo decisivo nelle schiaccianti vittorie inglesi.

Fu intorno al 1325 che la polvere da sparo fece il suo debutto in battaglia, ma i primi modelli di cannone erano inaffidabili, pericolosi da usare e in generale inutili contro i loro obiettivi. Ci vollero altri cent'anni prima che la tecnologia avanzasse, ma quando i cannoni si dimostrarono efficaci contro la pietra, i castelli e le fortificazioni cittadine divennero obsoleti. Nel 1375, i francesi usarono quaranta cannoni nell'assedio di una fortezza sulle coste della Normandia: non riuscirono a demolire le fortificazioni ma, alla fine, i bombardamenti forzarono il presidio inglese alla resa.

Nella battaglia di Castillon, nel 1453, i francesi fecero per la prima volta un uso massiccio di artiglieria campale, con effetti devastanti sulla controparte inglese.[2] Nello stesso anno, le mura un tempo impenetrabili di Costantinopoli furono finalmente espugnate dai Turchi ottomani con l'aiuto di uno dei più grandi cannoni mai forgiati. Se non fosse stato per l'avanzamento tecnologico di quest'arma, forse la città porterebbe ancora il nome del suo fondatore e i suoi abitanti parlerebbero principalmente la lingua greca.

Nel 1336, Filippo guidò la flotta francese nel Canale della Manica, minacciando un'invasione. Nel 1337, confiscò il ducato di Guienna a Edoardo, che rispose reclamando il suo diritto al trono di Francia in una lettera inviata a Filippo il 7 ottobre dello stesso anno. Così, tra Inghilterra e Francia, ebbe inizio una guerra di battaglie intermittenti che sarebbe durata per più di un secolo.

Sebbene, per convenzione, gli storici datino l'inizio della Guerra dei cent'anni al 1337, le origini del confitto risalgono alla battaglia di Hastings, nel 1066. La prima fase di quello che in realtà divenne un conflitto lungo 116 anni coincise col regno di Edoardo III fino alla sua morte, nel 1377, momento in cui l'Inghilterra aveva pochissimi possedimenti in Francia, malgrado tutti gli sforzi militari e diplomatici di Edoardo.

La prima fase cominciò con le battaglie navali e i tentativi di Edoardo di trovare alleati in Europa. Inizialmente, cercò appoggio

---

[2] Castillon segnò la fine della Guerra dei cent'anni.

nelle Fiandre, ma Luigi I, conte di Nevers, era un vassallo di Filippo VI di Francia e non volle tradire il suo signore. Così Edoardo si rivolse a Jacob van Artevelde, un facoltoso birraio di Gand, con cui formò un'alleanza nel 1340. Sottopose poi a embargo la lana inglese destinata alle città fiamminghe, intaccando l'economia locale fortemente dipendente dall'industria tessile. Nello stesso anno, sotto la guida di Artevelde, i mercanti si ribellarono a Luigi I e riconobbero il diritto di Edoardo al trono francese. Sempre nel 1340, egli si appropriò formalmente del titolo di re di Francia.

Edoardo aveva speso gran parte delle risorse inglesi nel conflitto contro Filippo e fu costretto a impegnare la corona, lasciando moglie e bambini a Gand come garanzia per un prestito utile a finanziare la campagna militare in Francia. Cercò di attirare Filippo in battaglia marciando nei suoi territori con un esercito inglese coadiuvato dagli alleati fiamminghi, incendiando e saccheggiando villaggi e uccidendo civili francesi. Filippo, considerato un guerriero degno di rispetto, guidò le sue truppe verso nord per andare in contro a Edoardo. Dopo aver accettato di scontrarsi, però, ci ripensò e ritirò i suoi soldati. Edoardo stava perdendo tempo e soldi nella ricerca di una vittoria decisiva e l'alleanza dei fiamminghi cominciava a vacillare. Così tornò in Inghilterra e chiese al Parlamento di imporre nuove tasse. Questo si mostrò titubante ma accettò per via della minaccia d'invasione posta dalla flotta francese dislocata al porto di Sluis e recentemente affiancata da navi castigliane e genovesi.[3] Edoardo diresse allora i suoi sforzi verso uno scontro navale.

Con il re personalmente al comando, una piccola flotta di cocche cariche di arcieri e uomini d'arme salpò il 22 giugno del 1340. Il giorno successivo, navigò dritta in mezzo al più numeroso schieramento francese, nel porto di Sluis, e lo sconfisse. Gli arcieri inglesi si dimostrarono tanto efficaci in mare quanto sulla terraferma, ma la battaglia di Sluis, pur traducendosi in una gloriosa vittoria per l'Inghilterra, ebbe scarse conseguenze strategiche. Edoardo era ancora sommerso dai debiti e molti dei suoi sudditi si rifiutavano di pagare la tassa imposta dal Parlamento. Perdipiù, non riuscì a far seguire alla vittoria navale di Sluis un trionfo sulla terraferma, visto che Filippo si rifiutò saggiamente di affrontarlo sul campo al suo rientro in Francia a capo di un esercito. Mentre gli alleati cominciavano ad abbandonarlo, Edoardo, incapace di forzare uno scontro decisivo, acconsentì con riluttanza alla tregua di Espléchin, nel 1340: ai suoi occhi nient'altro che un modo di guadagnare tempo per racimolare le risorse in vista di un futuro tentativo di conquistare il trono francese.

I guai finanziari di Edoardo si riversarono su altri aspetti dell'economia europea con esiti disastrosi. I profitti che si aspettava di ricevere dalla tassa sulla lana furono insufficienti, il che lo costrinse all'insolvenza per alcuni dei debiti contratti. Ciò

---

[3] Conseguenza involontaria di questi eventi fu l'aumento del potere del Parlamento di controllare la tassazione.

ebbe conseguenze devastanti per le banche fiorentine dei Bardi e dei Peruzzi, che fallirono entrambe, mettendo in ginocchio l'economia della città. Se Edoardo avesse sostenuto l'intero costo della guerra, ogni sua speranza di ascendere al trono francese sarebbe svanita e, forse, con essa, anche qualsiasi ambizione territoriale su suolo francese dei futuri re inglesi, ma l'avidità di Edoardo verso il regno e il trono rimaneva inappagata. Così, imperterrito e irriducibile, pianificò la sua prossima mossa contro Filippo.

Con nuovi finanziamenti approvati dal Parlamento nel 1345, l'anno successivo Edoardo assemblò un nuovo esercito e una nuova flotta, radunando quindicimila uomini, di cui quattromila arcieri. Tra le fila delle sue truppe c'era il figlio quindicenne, Edoardo di Woodstock, principe di Galles, storicamente noto come "il Principe Nero". L'esercito del sovrano inglese depredò le campagne normanne, saccheggiò e ridusse in cenere cittadine e villaggi, accumulando bottini di guerra e prendendo ostaggi da rilasciare dietro riscatto.

In precedenza, Filippo aveva inviato in Guienna un'armata guidata dal figlio, Giovanni di Normandia, per affrontare il cugino di Edoardo e duca di Lancaster, Enrico. Giovanni era impegnato nell'assedio della città di Aiguillon quando Edoardo invase la Normandia, così Filippo mise insieme un altro esercito e marciò verso il sovrano inglese. Quest'ultimo tentò di sottrarsi a Filippo per riunirsi agli alleati fiamminghi, ma il re di Francia raggiunse gli inglesi a Crécy, vicino al fiume Somme, il 25 agosto. Così, i due eserciti si prepararono allo scontro.

Edoardo ebbe il vantaggio di scegliere il campo di battaglia, e lo fece bene. Il suo esercito si posizionò in cima a una collina, con un fiume a proteggere il fianco destro e una foresta a coprirgli le spalle. Il 26 agosto, malgrado la sua titubanza, Filippo fu spinto ad attaccare dai suoi comandanti. Il sovrano aveva cercato di opporsi dato che le sue truppe non erano pronte, ma la presunzione della nobiltà francese a Crécy nel 1346 rispecchiò la sfrontatezza poi mostrata a Poitiers nel 1356 e ad Azincourt nel 1415, entrambi casi in cui all'arroganza seguì una punizione. Gli arcieri inglesi scaricarono una pioggia di dardi sui cavalieri francesi intenti a risalire la collina. Chi di questi riuscì, esausto, ad arrivare in cima, si scontrò con i soldati inglesi ancora relativamente pieni di forze, che li eliminarono a decine. A fine giornata, gli inglesi si ritrovarono con meno di cento caduti, mentre i corpi dei cavalieri e nobili francesi giacevano a migliaia sul campo di battaglia.

Sebbene Crécy non fosse decisiva in chiave strategica, la vittoria inglese fu completa e le conseguenze devastanti per i rivali. La fiducia nel re francese diminuì e, dopo lo scempio fattone dai semplici fanti inglesi, anche il riguardo verso la nobiltà, un tempo considerata una classe di guerrieri d'élite, subì un crollo. Tassare divenne più complicato e questo cambio di atteggiamento verso i reali e la nobiltà non fece che inasprirsi con l'arrivo della peste, nel 1347.

La battaglia di Crécy consolidò l'importanza dell'arco lungo nella storia militare. Nonostante la vittoria schiacciante, tuttavia, Edoardo non inseguì l'avversario sconfitto né marciò su Parigi. Le sue truppe avevano bisogno di riposare, così si mosse verso Calais e l'assediò per circa un anno prima di costringerla alla resa per mancanza di approvvigionamenti, nell'agosto del 1347. Filippo inviò un esercito a difesa della città ma stavolta fu Edoardo a evitare lo scontro diretto, costringendo il sovrano francese a richiamare le sue truppe.

Pur garantendo a Edoardo una città fortificata come punto d'appoggio in Europa, l'assedio si rivelò dispendioso in fatto di soldati, denaro e provviste. A entrambi i re mancavano ora i fondi per scontrarsi di nuovo sul campo ma, d'altronde, l'arrivo della "morte nera" avrebbe reso la guerra impossibile. A questo punto del conflitto, è interessante notare che dopo un'importante vittoria navale e un altrettanto ragguardevole successo sulla terraferma, Edoardo non giovò di alcun vantaggio strategico, se non il possesso del porto marittimo fortificato di Calais.

4

Un secolo di sofferenze
La morte nera (1347–1351)

Originatasi da qualche parte in Asia, la peste bubbonica arrivò nella città commerciale e colonia genovese di Caffa (oggi Feodosia), in Crimea, grazie a un esercito mongolo capitanato dal khan Gani Bek. I mongoli tenevano la città sotto assedio ma furono costretti a ritirarsi a causa di un focolaio di peste scoppiato tra i loro ranghi. Si spostarono così lungo il Mar Nero verso la Russia e l'India, portando con sé l'epidemia. Prima di lasciare Caffa, però, catapultarono dei cadaveri infetti oltre le mura della città, infettandone la popolazione. Quando le galee genovesi partirono da Caffa, i commercianti portarono la peste a Costantinopoli e nei porti mediterranei di Sicilia e Italia. Da lì, la malattia si diffuse in tutta Europa nell'arco di quattro anni, uccidendo un terzo della popolazione (tra i venti e i venticinque milioni di persone in Europa e altrettanti in Asia e Africa) dal 1347 al 1351, quando finalmente si placò nei paesi scandinavi. Si verificarono nuove ondate tra il 1361–63 (quando morì il dieci percento della popolazione europea), il 1369–71, il 1374–75, il 1390 e il 1400.

Sebbene all'epoca fossero in molti a credere che "la pestilenza" fosse stata mandata da Dio come punizione per i peccati, oggi sappiamo che fu causata dal batterio *Yersinia pestis*, ospitato da pulci che poi trasmisero la peste ai ratti. Quando il roditore ospite moriva, le pulci passavano a quello successivo. Una puntura di pulce o un morso di ratto erano sufficienti a trasmettere la malattia agli umani e ad altri animali, ma il bacillo si prestava anche alla trasmissione interumana attraverso un'infezione polmonare (quindi tramite un colpo di tosse o uno starnuto). Una volta infettata, gran parte delle vittime non durava a lungo — da qualche ora a qualche giorno —, anche se probabilmente il dieci percento degli infetti riusciva a sopravvivere. La peste raggiungeva il picco in un dato luogo geografico nel giro di un anno, di solito uccidendo un terzo della popolazione. Alcune città e villaggi furono completamente annientati, ma quelli con poche relazioni commerciali con altri centri abitati ne uscirono relativamente indenni.

La morte nera[4] provocò cambiamenti drammatici e duraturi nella società europea. Nel Medioevo, la popolazione era molto religiosa ma furono in tanti a perdere fiducia nella Chiesa, che sembrava completamente incapace di arginare la marea di morte e contagi. Alcuni preti abbandonarono i parrocchiani morenti e le loro famiglie per paura di infettarsi, mentre intere comunità di

---

[4] Il termine usato nel Medioevo non era questo. Era "la pestilenza".

monasteri e conventi furono spazzate via, le loro preghiere incapaci di salvarle. Papa Clemente VI indisse un anno santo nel 1350 e i pellegrini furono invitati a Roma nel tentativo di placare l'ira del Signore, ma la peste sterminò chi rispose alla chiamata, facendo sembrare il papa un debole e inetto. Preghiere, sacrifici, benedizioni, processioni, flagellazioni e lunghe veglie sembravano non sortire alcun effetto nel persuadere Dio ad alleviare le sofferenze e la perdita di vite umane. La superstizione prese piede e i cristiani, dubitando dell'efficacia delle preghiere rivolte ai santi, si affidarono a rimedi popolari e amuleti. Il potere spirituale della Chiesa, un tempo fonte di forza e speranza, ora sembrava un'illusione. Questo nuovo atteggiamento verso religione e Chiesa sarebbe sopravvissuto ben oltre l'esplosione della peste.

La proliferazione della morte ebbe anche un'altra conseguenza, accrescendo il valore del lavoro dei sopravvissuti. Prima della grande carestia del 1315–1322, la popolazione europea era cresciuta con costanza per tre secoli, assicurando un'ampia forza lavoro ma tenendo bassi i salari. Nel 1350, il mercato del lavoro era ormai radicalmente cambiato: la richiesta di prodotti agricoli era diminuita assieme alla popolazione, mentre il valore del lavoro di artigiani esperti era aumentato. I servi abbandonarono i propri signori per cercare lavoro nella relativa libertà di villaggi e cittadine, e i terreni, diventati meno produttivi a causa della diminuzione della forza lavoro agricola, persero valore. La nobiltà sfruttò il proprio potere politico per istituire leggi volte a limitare i movimenti dei servi e a congelare i salari a livelli pre-peste. Ne derivò un rancore diffuso che in Francia portò alla rivolta contadina della Jaquerie nel 1358 e in Inghilterra alla Rivolta dei contadini del 1381.

Le aree maggiormente popolate furono quelle più colpite dalla peste e la perdita di artigiani esperti fu elevata. A rimpiazzarli subentrarono i servi arrivati dalle campagne ma, mentre la domanda e i prezzi dei beni manifatturieri e di lusso restavano alti, la qualità del lavoro risultava inferiore. Eppure, il denaro fluì generoso nei centri abitati, tagliando fuori l'aristocrazia terriera e accrescendo il potere delle città a discapito della nobiltà rurale. Tutto ciò diede una spinta all'emergente ceto medio, aggiungendosi al conflitto di classe tra nobili e lavoratori, e tra mercanti e artigiani.

La Chiesa, dal canto suo, malgrado la perdita di prestigio dovuta all'incapacità di fermare la peste, si arricchì grazie a terreni e altri possedimenti lasciatile in eredità dai fedeli cristiani. Ma una Chiesa più ricca non è necessariamente una Chiesa più santa, e quest'accumulo di beni avrebbe avuto future ramificazioni nei rapporti con i potenti monarchi europei. Inoltre, se da un lato la Chiesa si arricchì, dall'altro la peste lasciò i segni più profondi nelle comunità più popolose, dimostrandosi particolarmente devastante in monasteri e conventi, nonché tra i parroci rimasti con i propri parrocchiani fino ad ammalarsi e morire. La Chiesa, quindi, oltre a perdere il rispetto della popolazione, perse anche molti dei suoi membri, ritrovandosi indebolita nei futuri conflitti contro i potenti monarchi che, a loro volta, beneficiarono del calo di potere della nobiltà e di quello nascente di città e centri abitati.

L'accresciuta autorità dei re a discapito dei nobili e della Chiesa si tradusse in una minore frammentazione della società e in un maggiore accentramento del potere, che un giorno avrebbe portato alla formazione degli stati-nazione.

I cambiamenti politici e sociali provocati dalla morte nera, fecero della peste un momento spartiacque nella storia dell'Europa. Raramente si verificano avvenimenti in grado di cambiare il mondo quasi da un giorno all'altro, ma la morte nera fu uno di questi e, più di qualsiasi altro fattore, contribuì a mettere fine all'età medievale.

Essa coincise, inoltre, con l'inizio di quello che oggi chiamiamo Rinascimento. Gli storici distinguono tra Rinascimento italiano, che ebbe inizio attorno alla metà del quattordicesimo secolo, e Rinascimento tedesco, che lo seguì circa un secolo dopo. L'umanesimo e altre idee rinascimentali relative alla religione, ai governi, all'economia e alla coscienza nazionale contribuirono in modo sinergico col fenomeno naturale della peste e delle sue conseguenze a mettere in discussione le idee feudali, alimentando la spinta verso la transizione dall'età medievale a quella moderna.

Londra

INGHILTERRA

FIANDRE

SACRO
ROMANO
IMPERO

Calais

Canale della Manica

Crécy

Rouen

NORMANDIA

Reims

Fiume Senna

BRITANNIA

Parigi

ANGIÒ

Orléans

Fiume Loira

Troyes

POITOU

1360

Poitiers

BORGOGNA

AQUITANIA

Nevers

DELFINATO

Bordeaux

Fiume Garonna

GUIENNA

ARMAGNAC

GUASCOGNA

Tolosa

Avignone

LINGUADOCA

NAVARRA

Mar
Mediterraneo

ARAGONA

5

Un secolo di sofferenze
La Guerra dei cent'anni (1355–1413)

L'Europa avrebbe impiegato anni a riprendersi dalla morte nera, ma l'aspirazione di Edoardo III di salire sul trono francese, o perlomeno di regnare su una grossa porzione di Francia, non fu intaccata neanche da una delle catastrofi europee più devastanti. Filippo VI morì nel 1350 e fu rimpiazzato dal figlio, il duca di Normandia, incoronato come Giovanni II. Questo si inimicò quasi subito la nobiltà giustiziandone un noto esponente, il conte di Eu — appena rimpatriato dopo la prigionia inglese —, e rimpiazzandolo come conestabile di Francia col fidato Carlo di Spagna. Poi, cercò di risolvere i suoi problemi finanziari svalutando il già umile conio utilizzato nelle transazioni quotidiane, mossa che ebbe più conseguenze negative sui comuni cittadini che sui ricchi. Assegnò inoltre al suo nuovo conestabile la contea di Angoulême, facente parte dei territori di Carlo di Navarra. Per compensare la perdita del possedimento, Giovanni offrì in sposa a Carlo la figlia di otto anni, per poi rifiutarsi di corrispondergli la dote. Per ripicca, Carlo "il Malvagio" fece assassinare Carlo di Spagna.

Oltre alla Navarra, Carlo aveva feudi in Normandia e nella Francia centrale, il che lo rendeva un potente alleato; l'assassinio di Carlo di Spagna, inoltre, gli valse le simpatie di altri nobili scontenti. Per aumentare la pressione su Giovanni II e proteggere ed espandere i suoi possedimenti, Carlo cominciò a negoziare un'alleanza con Edoardo. Quest'ultimo, tuttavia, non poteva permettersi altre operazioni militari e incontrò l'opposizione sia del Parlamento che dei comuni cittadini, stanchi di supportare una guerra né redditizia né vicina alla fine. Anche Giovanni II era limitato dalle poche risorse economiche e dalla potenziale infedeltà di Carlo di Navarra. Così, nel 1354, fu costretto ad accantonare l'orgoglio e a riconciliarsi pubblicamente col sovrano inglese. Con la mediazione del papa, Edoardo e Giovanni intavolarono le negoziazioni di pace, che però fallirono perché le condizioni proposte erano troppo favorevoli agli inglesi.

Carlo approcciò di nuovo Edoardo proponendo un'alleanza, per poi negarlo vigorosamente di fronte al papa. Edoardo dichiarò di nuovo al Parlamento e al popolo inglese che i francesi lo avevano oltraggiato e riuscì così a racimolare abbastanza denaro per un'altra spedizione sul continente. La tregua cessò a tutti gli effetti e, nel 1355, gli inglesi arrivarono in Francia con due eserciti. Il primo era capitanato dal figlio del re, Edoardo, principe del Galles e nuovo duca di Guienna, e l'altro da Enrico, duca di Lancaster. L'esercito del principe mise a ferro e fuoco una striscia di terra che andava da Bordeaux a Narbona, in una campagna militare descrivibile come una versione medievale di terrorismo, intesa a piegare la volontà del popolo francese, a distruggerne le risorse utili a combattere e a fomentare un'opposizione contro Giovanni II per costringerlo a un accordo di pace favorevole agli inglesi. L'esercito del duca di Lancaster incrociò quello francese nei pressi di Amiens, ma non ne scaturì nessuno scontro diretto.

Nel 1356, ancora una volta, gli inglesi scesero in campo con due eserciti, ma Giovanni diede fuoco ai ponti che attraversavano la Loira per scongiurare l'unione delle due armate. Marciò con le sue truppe verso il duca di Lancaster e lo mise in fuga, poi si spostò a sud per affrontare Edoardo, raggiungendolo finalmente nei pressi di Poitiers. Giovanni non era famoso per essere un buon capitano di guerra, ma il suo esercito era più grande di quello di Edoardo. Il papa inviò una rappresentanza a mediare tra le due parti e fu dichiarata una tregua di un giorno (domenica), che diede tempo agli inglesi di migliorare la propria posizione difensiva. Edoardo si offrì di accordare notevoli concessioni, ma le negoziazioni si interruppero quando gli fu intimato di arrendersi e consegnarsi come prigioniero. Entrambi gli schieramenti si prepararono alla battaglia, che sarebbe seguita l'indomani.

L'alto comando francese era diviso tra la possibilità di assediare gli inglesi e quella di spingerli allo scontro sul campo. Contro il parere di alcuni suoi consiglieri, Giovanni scelse testardamente la seconda opzione. Accerchiare i nemici e portarli alla resa affamandoli sarebbe stato più prudente da un punto di vista strategico ma, nel modo di pensare medievale, scontrarsi sul campo era una soluzione più onorevole rispetto a montare un assedio. Lunedì 19 settembre, i due eserciti si affrontarono per un giorno intero in una battaglia simile a quella di Crécy e che terminò in una sconfitta altrettanto schiacciante per i francesi. Come se non bastasse, Giovanni II fu catturato e fatto prigioniero del re d'Inghilterra.

La Francia ne uscì profondamente scossa. Il risentimento popolare nei confronti della corona e della nobiltà fu persino maggiore di quello successivo alla disfatta di Crécy. Molti nobili di rilievo furono fatti prigionieri assieme al re, ognuno rilasciabile dietro un riscatto che, in larga parte, sarebbe stato pagato dal lavoro dei contadini. Il governo centrale, ora retto dal delfino diciottenne, era nel caos e gli inglesi furono liberi di stabilire i propri termini. Fu istituita una tregua di due anni in cui si sarebbero svolte le negoziazioni. Bande mercenarie di soldati smobilitati da ogni parte d'Europa, chiamate Grandi Compagnie[5], restarono in Francia saccheggiando campagne e villaggi, distruggendo ciò che trovavano e lasciandosi dietro caos e miseria. A peggiorare le cose, nel settembre 1357, Carlo di Navarra — imprigionato da Giovanni l'anno precedente — scappò e cominciò a cospirare per ottenere la corona, in opposizione al delfino Carlo.

Nel maggio 1358, schiacciati dalle tasse ed esasperati dalle profonde sofferenze causate dai saccheggi delle Grandi

---

[5] *Écorcheurs*, briganti, predoni, saccheggiatori, "truffatori".

Compagnie, i contadini francesi si ribellarono. Alcuni commisero atrocità persino peggiori di quelle dei suddetti mercenari. Ma la rivolta della Jacquerie fu presto repressa dalla nobiltà e Carlo il Malvagio, che aveva aiutato a porre fine alla ribellione, cospirò di nuovo col re d'Inghilterra mentre le negoziazioni con Giovanni II e il governo francese erano ancora in corso. Fu proposta una tregua, ma l'avidità impedì a Edoardo di accettarla. Fu lui ad avanzare un'altra proposta nel marzo del 1359, ma gli Stati generali francesi la rifiutarono, e il sovrano inglese sfruttò il rifiuto come pretesto per invadere nuovamente la Francia. Si era alleato con Carlo di Navarra, ma quando questo capì che Edoardo mirava alla corona francese cambiò schieramento e si riappacificò col delfino nell'agosto 1359.

Edoardo approdò a Calais e marciò verso sud nel tentativo di attirare il delfino e il suo esercito in uno scontro sul campo, ma il sovrano francese si rifiutò. La campagna militare terminò nel 1360 col trattato di Brétigny, in cui Edoardo rinunciava a rivendicare il trono di Francia in cambio di una notevole espansione dei possedimenti su cui esercitava piena sovranità. Il riscatto di Giovanni fu fissato a tre milioni di scudi d'oro, permettendo al sovrano di fare ritorno in Francia. I termini del trattato, però, non furono mai soddisfatti, così Giovanni si consegnò volontariamente all'Inghilterra nel 1364 e morì poco dopo, all'età di quarantacinque anni. Il delfino suo successore, incoronato come Carlo V, si oppose al trattato di Brétigny, sancendo il prosieguo del conflitto tra Inghilterra e Francia. Egli però non era un guerriero: concentrò le proprie energie su sforzi diplomatici, lasciando le decisioni militari ai comandanti sul campo.

Nel 1368, i signori feudali della Guienna, che da lungo tempo erano fedeli al controllo inglese, fecero un appello ai re Edoardo e Carlo riguardo alle pesanti tasse imposte sui loro terreni dal Principe Nero. Carlo lo accolse e si preparò alla guerra. Edoardo lo considerò una violazione del trattato e le ostilità ripresero. Al giungere del 1370, i francesi avevano rafforzato le proprie truppe e riuscirono a vincere battaglie importanti nel nord della Francia grazie alla guida del nuovo conestabile, Betrand du Guesclin. Così, nel 1372, una flotta franco-castigliana sconfisse lo schieramento avversario al largo di La Rochelle. Ma le truppe inglesi imperversavano ancora nelle campagne francesi e, in un episodio particolarmente cruento anche per gli standard dell'epoca, il Principe Nero massacrò tremila civili a Limoges come ripicca per non essergli stati fedeli. Quello, però, fu il suo ultimo atto di guerra poiché, nel 1372, contrasse la dissenteria e fu costretto a tornare in Inghilterra. Vi rimase invalido fino alla morte, l'8 giugno 1376, un anno prima della dipartita di suo padre, il 21 giugno 1377.

Re Carlo continuò a fare progressi diplomatici e, nel 1374, aveva già riacquisito gran parte delle terre passate agli inglesi dall'inizio della Guerra dei cent'anni. La Francia avrebbe potuto sbarazzarsi una volta per tutte della presenza inglese sul continente, ma i francesi erano esausti, il re in cattiva salute e i fondi esauriti. Anche l'Inghilterra non se la cavava granché. Edoardo era diventato un alcolizzato e il suo erede, il Principe

Nero, un invalido. Il prossimo nella linea di successione al trono era il giovane figlio del principe che, alla morte del padre e del nonno nel 1377, fu incoronato come Riccardo II (re 1377–1399), all'età di dieci anni. Nel 1380, Carlo V di Francia morì assieme al suo conestabile e fu succeduto dal figlio dodicenne, Carlo VI (re 1380–1422).

Dato che entrambi i paesi avevano dei sovrani bambini, il compito di governare ricadde sugli adulti che gli gravitavano attorno, in competizione per il potere. Fu un consiglio guidato dai duchi di Borgogna, Berry e Angiò a insediarsi come reggente di Carlo. Dal 1379 al 1383, Filippo van Artevelde, guidò le rivolte fiamminghe contro Luigi di Mâle, conte delle Fiandre. Quando Luigi morì, nel 1384, il possesso di queste ultime, insieme a quello dell'Artois, passò allo zio di Carlo, Filippo l'Ardito, duca di Borgogna. Ciò avrebbe avuto grosse conseguenze in futuro, quando la battaglia per il potere tra i nobili francesi sarebbe diventata letale, fino a sfociare in una guerra civile.

Nei primi anni del regno di Riccardo, l'Inghilterra fu turbata dalla minaccia di invasioni e raid sulla costa meridionale per mano di navi francesi e castigliane. In tutta risposta, il Parlamento autorizzò delle tasse addizionali per finanziare le misure difensive, spingendo i contadini inglesi alla rivolta nel 1381, proprio come era successo con quelli francesi nel 1358. Ma la Rivolta dei contadini non fu causata solo dalle tasse elevate. Dopo gli sconvolgimenti portati dalla morte nera, la società feudale si stava evolvendo e concetti come la superiorità di classe nel sistema di caste medievali venivano messi in dubbio sia al di qua che al di là della Manica. Tali sviluppi furono rafforzati dal successo dei soldati semplici a Crécy e Poitiers contro i nobili uomini d'arme. La Rivolta contadina mise seriamente in discussione lo status quo in Inghilterra, ma fu repressa con la stessa ferocia con cui era stata schiacciata quella della Jacquerie in Francia, e i suoi leader furono puniti severamente. Seppur infruttuosa, la Rivolta dei contadini fu un altro evento cruciale del medio-tardo quattordicesimo secolo, uno che per l'Europa segnò un periodo di transizione dalla società medievale a quella moderna degli albori.

Una volta cresciuti, Riccardo e Carlo cominciarono a regnare da soli sui rispettivi troni. Riccardo voleva la pace e relazioni più strette con la Francia. Dato che entrambi i regni erano afflitti da lotte interne e mancavano dei fondi necessari a scendere in guerra, nel 1389, a Leulinghen, fu firmata una tregua che sospendeva le ostilità fino al 1403.

Nel 1394, la moglie di Riccardo morì e questi, desideroso di stringere i rapporti con la Francia e il suo re, propose di prendere in sposa la figlia di Carlo, Isabella, sebbene lei avesse sei anni e lui sessanta. L'offerta fu accettata e i due sovrani concordarono anche di estendere la tregua di Leulinghen per altri ventotto anni. I due si incontrarono nel 1396 a Calais, con grossi festeggiamenti, e si scambiarono giuramenti d'amicizia e promesse di fedeltà. La pace tra i rispettivi regni sarebbe anche durata, se non fosse stato per alcuni importanti nobili inglesi contrari alla politica di Riccardo. Tale ostilità lo spinse a diventare un autocrate dal pugno duro, imprigionando e uccidendo alcuni esponenti della nobiltà. Ma quando prese parte a una campagna militare contro i ribelli irlandesi, nel 1399, Enrico di Bolingbroke — nome derivante dal castello in cui era nato — salì al potere. Lui e Riccardo erano cugini nati nello stesso anno, il 1367, e avevano trascorso l'infanzia insieme a corte, ma ciò non impedì a Enrico di deporre e imprigionare Riccardo. Enrico fu incoronato nel 1399 come Enrico IV, mentre il cugino moriva di fame in galera, nel 1400.

~

All'epoca della Guerra dei cent'anni, la popolazione francese era il triplo di quella inglese e disponeva di risorse migliori. Se si fosse unita sotto il suo re e se la nobiltà non fosse stata così presa dalle sue lotte di potere interne, la Francia avrebbe potuto cacciare gli inglesi senza troppe difficoltà. Invece, rimase un paese segnato da profonde divisioni che alla fine avrebbero portato a una guerra civile.

Gli episodi di follia che avrebbero afflitto Carlo VI per il resto della vita cominciarono nel 1392 ed ebbero l'effetto di inasprire la rivalità tra la casata d'Orléans, guidata da Luigi, duca d'Orléans, e quella di Borgogna, guidata da Filippo l'Ardito. Potenti e ambiziosi zii del re, entrambi miravano a riempire il vuoto di potere creato dalla precaria situazione mentale di Carlo. Filippo morì nel 1404 e fu rimpiazzato dal figlio, Giovanni Senza Paura, a capo della casata. L'influenza di quest'ultima nella corte francese crebbe e le strade di Parigi si fecero teatro di violenti scontri tra i sostenitori delle due fazioni di Borgogna e d'Orléans. Giovanni cercò di mettere fine alla faida facendo assassinare Luigi il 23 novembre 1407, a Parigi, segnando di fatto l'inizio di una guerra civile.

Il vuoto di potere creato dall'assassinio fu riempito da Bernardo d'Armagnac, che fece da reggente per i tre giovani figli di Luigi. I sostenitori orleanisti divennero meglio noti come Armagnacchi, o anche delfinisti, per il loro supporto a Carlo VII. Si parla di loro anche come nazionalisti, dato che si opponevano agli inglesi in quanto invasori stranieri e alla fazione anglo-borgognona, che favoriva il re d'Inghilterra.

Giovanni e i Borgognoni erano in ascesa nel 1408, ma gli Armagnacchi inviarono un esercito per assediare Parigi. Entrambe le parti si rivolsero a Enrico in cerca d'aiuto e il re d'Inghilterra rispose alla richiesta di Giovanni inviando 2.800 soldati per aiutare a sollevare l'assedio. Quando questo terminò, le truppe inglesi tornarono in patria, ma un secondo esercito d'oltremanica sbarcò in Francia su richiesta degli Armagnacchi, saccheggiando e depredando i territori francesi. Giovanni Senza Paura cercò di imporre nuove tasse per spingere gli inglesi ad andarsene, ma ciò non fece che provocare una violenta resistenza, costringendolo a scappare in Borgogna. Enrico morì nel marzo 1413 e fu succeduto dal figlio, Enrico V, che sarebbe divenuto una delle figure più importanti nella Guerra dei cent'anni, nonché uno dei re inglesi più famosi.

6

Un secolo di sofferenze
Il papato avignonese e lo scisma d'Occidente

Nel quattordicesimo secolo, avversità e divisioni afflissero sia il braccio secolare che quello spirituale del sistema di governo europeo. Il conflitto tra Francia e Inghilterra per il controllo dei territori francesi e l'antagonismo emerso nella società medievale mentre i comuni cittadini acquisivano maggiore indipendenza dai loro signori, trovarono un parallelo nella Chiesa con un'altra forma di divisione. Nel 1309, papa Clemente V (in carica 1305–1314) si trasferì da Roma ad Avignone, dove provò a governare la Chiesa e lo Stato Pontificio. Questo trasferimento durò fino al 1377 e si dimostrò costoso in termini di vite e di denaro. Come se non bastasse, il papato stesso fu diviso tra due e poi tre pretendenti tra il 1378 e il 1415. L'instabilità della folla romana e l'interminabile violenza che affliggeva la politica romana servirono come pretesto per la decisione di Clemente, ma la spinta verso il papato avignonese e lo scisma d'Occidente aveva radici più profonde.

L'undicesimo e il dodicesimo secolo avevano visto una lotta di potere tra la Chiesa e lo Stato, in cui essa godeva di una certa supremazia. Sotto papa Innocenzo III (in carica 1198–1216), il papato si era trasformato in una monarchia dal notevole potere secolare. La Chiesa era già in possesso di ragguardevoli possedimenti e vantava un proprio sistema giudiziario e legislativo, ma con Innocenzo il papato aveva assunto un potere ancora maggiore, arrivando a competere in modo più diretto con i sovrani del mondo secolare. La Chiesa, tuttavia, si era ritrovata vittima del proprio successo, diventando bersaglio di critiche che ne sminuivano l'autorità spirituale. Il tutto era stato ulteriormente complicato dalla crescente politicizzazione del papato e dei ranghi più alti della gerarchia ecclesiastica. Le elezioni pontificie erano regolarmente soggette a interferenze e, a volte, a coercizione violenta. Le famiglie italiane più potenti dominavano la scena politica del paese, sfruttavano le masse per influenzare le elezioni papali e manipolavano i pontefici una volta eletti.

Alla fine del tredicesimo secolo, la situazione in Europa era cambiata. I re d'Inghilterra e Francia erano più forti e più indipendenti da Roma, nonché meno timorosi di asserire quelli che consideravano i loro diritti territoriali, di potere e di tassazione. Le teorie sui diritti dell'autorità spirituale in relazione a quella secolare furono messe in discussione. Bonifacio VIII (in carica 1294–1303) diventò papa in un momento cruciale in cui il potere dei re e la centralizzazione del governo erano in sviluppo. Il clero veniva tassato sia in Francia che in Inghilterra per aiutare a finanziare le imprese militari, in contrasto col decreto di

Innocenzo che rendeva una simile imposizione illegale senza il previo consenso del papa. Nel 1296, Bonifacio emanò la bolla papale *Clericis Laicos*, che difendeva l'indipendenza della Chiesa dalla tassazione secolare. I re Edoardo I d'Inghilterra e Filippo IV di Francia contraccambiarono con una serie di misure che indussero il pontefice a moderare la propria posizione.

Nel 1300, Bonifacio indisse il primo Giubileo della storia e i pellegrini giunsero a Roma a migliaia, incoraggiandolo a riaffermare la propria autorità nelle questioni laiche. Bonifacio dichiarò che i pontefici non solo avevano il diritto divino di governare in coordinazione con l'autorità secolare ma che Dio li aveva posti *al di sopra* di essa, subordinando così l'intero mondo laico all'autorità papale. Nel 1302, Bonifacio emanò inoltre la bolla *Unam Sanctum* in cui affermava che, in materia di salvezza, ogni essere umano è soggetto al pontefice. Filippo rispose inviando in Italia degli uomini armati per arrestarlo e imprigionarlo: se non fosse stato per l'intervento della cittadinanza locale, Bonifacio sarebbe stato pestato a morte. Morì comunque nel 1303 a causa delle ferite riportate.

La contesa del potere tra papi e re continuò anche dopo lo spostamento della residenza papale ad Avignone. Quando Filippo cercò di addurre a sé il tesoro dei Templari richiedendo la soppressione dell'ordine a Clemente V e al concilio di Vienne (1312–1314), questi accettarono. Filippo andò di persona al concilio per assicurarsi dell'esito e sembrò che la sua vittoria sulla Chiesa fosse completa.

Tutti i pontefici del periodo avignonese furono francesi, il che risultò nella nomina di un eccessivo numero di connazionali al collegio cardinalizio, garantendo con quasi assoluta certezza che il papa successivo sarebbe stato francese a sua volta. Per lo sconforto di molti osservatori, la corte pontificia rifuggiva l'umiltà e si modellava sulla scia delle corti reali, facendosi la reputazione di un corpo dedito alla mondanità e alla dissipazione. Le tasse pontificie vennero aumentate e fu costruito uno sfarzoso palazzo per il papa e il suo entourage. Il rispetto per il papato scemò mentre le proteste contro i suoi eccessi e la sua voluttuosità aumentarono. Nel 1324, Marsilio da Padova completò il *Defensor pacis*, che criticava il pontefice per il ruolo che si era autoassegnato nel governo laico. Sia lui che Guglielmo di Occam, altro critico del papa, furono scomunicati da papa Giovanni XXII. Più in là nel quattordicesimo secolo, il teologo di Oxford John Wycliffe, secondo cui i membri del clero e i religiosi avrebbero dovuto praticare austerità e condurre una vita semplice, diede supporto ai re inglesi contro gli eccessi del papato avignonese. All'inizio del quindicesimo secolo, in quella che fu un'anteprima del futuro movimento protestante, John Hus, discepolo di Wycliffe, venne scomunicato nel 1410 e giustiziato nel 1415. Ciò portò a una ribellione dei suoi seguaci e a una serie di guerre civili che presagirono le guerre di religione del sedicesimo secolo.

Papa Urbano V (in carica 1362–1370) si stabilì a Roma nel 1367, ma ci rimase solo per tre anni prima di far ritorno ad Avignone, nel 1370. Il suo successore, Gregorio XI (in carica 1370–1378), cedette alle pressioni internazionali e spostò la residenza pontificia a Roma nel 1377, durante la Guerra degli otto santi (1376–1378) tra Firenze e la Santa Sede. Dopo la morte di Gregorio, nel 1378, ebbe luogo una delle elezioni pontificie più fatidiche nella storia della Chiesa quando, sotto le forti pressioni del popolo romano, i cardinali elessero un arcivescovo italiano, proclamato papa col nome di Urbano VI (in carica 1378–1389). Considerato un uomo cordiale e mite, una volta eletto, Urbano divenne ostile verso i cardinali francesi e li ammonì pubblicamente per il loro stile di vita decadente e lussurioso. Temendo una perdita di potere, o peggio, i cardinali fuggirono ad Avignone, dichiararono invalide le votazioni ed elessero pontefice uno di loro, un connazionale francese che prese il nome di Clemente VII (in carica 1378–1397). Ebbe così inizio lo scisma d'Occidente, che durò fino al 1415.

Già nel 1054, il Grande scisma tra la Chiesa latina in occidente e quella greca in oriente aveva scosso profondamente il mondo cristiano. Nel 1378, l'Europa visse un'altra divisione disastrosa non solo nel cristianesimo, ma anche nella sfera politica e nazionale. L'Inghilterra e i suoi alleati supportavano Urbano VI a Roma, mentre la Francia e i suoi sostenitori erano dalla parte di Clemente VII ad Avignone. Un ulteriore pretesto di divisione si aggiunse quando i sostenitori del conciliarismo cominciarono ad affermare che il concilio ecumenico avesse un'autorità superiore a quella del papa e che quindi potesse tanto eleggerlo quanto deporlo. Chi invece credeva nella supremazia pontificia sosteneva che il potere del papa derivasse direttamente da Dio e che solo il pontefice avesse l'autorità per convocare il concilio ecumenico.[6]

Nel 1398, nel tentativo di risolvere il problema dei diversi pontefici, la Chiesa francese rinnegò la propria obbedienza a papa Benedetto XIII (in carica 1394–1423), che però si rifiutò di abdicare e non venne espulso da Avignone fino al 1403. Nel 1409, il concilio di Pisa adottò i principi del conciliarismo e depose entrambi i papi rivali, eleggendo Alessandro V. Sfortunatamente, nessuno dei due pontefici abdicò e così, dal 1409 al 1415, coesisterono tre papi in contemporanea. Alessandro morì nel 1410 e il concilio di Pisa elesse Giovanni XXIII come suo successore, che fu sollecitato a convocare il concilio di Costanza nel 1414. Tale concilio lo depose, accettò le dimissioni di Gregorio XII e rigettò l'autorità di Benedetto XIII, eleggendo Martino V come unico papa.

L'era del papato avignonese e dello scisma d'Occidente raggiunse finalmente il suo epilogo nel 1417, dopo più di un secolo di divisioni. Le conseguenze sulla reputazione della Chiesa, tuttavia, furono permanenti. Essa, infatti, non si riprese mai del tutto dalla perdita di rispetto causata da: (1) l'incapacità di alleviare le sofferenze causate dalla morte nera, (2) l'opinione prevalente che il papato avesse oltrepassato i limiti della sua autorità immischiandosi in questioni laiche, (3) la mondanità della corte

---

[6] Da allora, la Chiesa cattolica ha stabilito che: (1) solo il papa ha potere e autorità supreme nella Chiesa, e (2) la linea di successione legittima è quella romana, e dunque i legittimi pontefici furono Urbano VI e i suoi successori.

pontificia e di altri membri della gerarchia ecclesiastica e degli ordini religiosi, (4) il trasferimento del papa da Roma e lo scisma tra due pontefici rivali.

~

Conoscere la storia di questo periodo infelice è utile a comprendere la disposizione mentale dei giudici di Giovanna al momento del suo processo, nel 1431. Gli ufficiali della Chiesa erano suscettibili riguardo alla perdita di reputazione sofferta dal 1309 e, fino a un certo punto — pur non fungendo affatto da giustificazione —, questi avvenimenti fanno luce sul perché i giudici di Giovanna ritenessero fondamentale una sua sottomissione alla loro autorità.

7

Un secolo di sofferenze
Le guerre civili bizantine e l'invasione ottomana

L'impero ottomano arrancò fino al ventesimo secolo, vetusto e in declino, fino a cessare di esistere nel 1922, dopo essersi schierato con la Germania e l'impero austro-ungarico durante la Prima guerra mondiale. Nel complesso, tuttavia, esso godette di un'esistenza prolungata e prospera in confronto ad altri imperi della storia e, per lo scontento dei cristiani del tardo medioevo, riuscì a espandere il proprio dominio fino alle coste orientali dell'Europa.

La tribù turca degli Osmanli — che prese il nome dal suo leader, Osman[7] (in carica 1290–1326) — appare per la prima volta negli annali storici durante la battaglia di Bafeo, nel 1302, quando, secondo uno storico bizantino, lo stesso Osman guidò i Turchi in uno scontro vittorioso contro le forze bizantine. All'epoca, gli Osmanli erano solo una delle numerose tribù turcomanne, nonché una potenza di poco peso nell'Asia Minore, ma 151 anni dopo la

---

[7] Da cui deriva anche il termine "Ottomano".

vittoria di Osman a Bafeo, uno dei suoi successori si sarebbe ritrovato a capo di territori sul versante europeo e asiatico del Bosforo, riuscendo finalmente a raggiungere il tanto agognato obiettivo di conquistare Costantinopoli e farne la capitale dell'impero.

I fattori che favorirono l'ascesa degli Osmanli nel quattordicesimo secolo furono svariati. Innanzitutto, l'Impero bizantino attraversò un periodo di tumulti interni che sfociarono in una serie di guerre civili. La prima di queste fu combattuta tra il 1321 e il 1328, e la seconda tra il 1341 e il 1347, dopo la morte dell'imperatore Andronico. L'espansione degli Osmanli fu inoltre agevolata dal radicato antagonismo tra Roma e il cristianesimo latino da un lato e Costantinopoli e la Chiesa greca ortodossa dall'altro. Fondamentale in questo conflitto fu la Quarta crociata, quando, nel 1204, istigati da Venezia, i Crociati superarono le formidabili difese di Costantinopoli e saccheggiarono selvaggiamente la città, che rimase sotto il controllo occidentale fino al 1261, quando l'imperatore esiliato, Michele Paleologo, riuscì a reimpossessarsene con l'aiuto di Genova. Costantinopoli, tuttavia, non si riprese mai del tutto dal saccheggio e dall'occupazione, e la Quarta crociata rimane tutt'oggi motivo di attrito tra il cristianesimo orientale e occidentale.

Contrapposte a Bisanzio come altra grande civiltà della regione erano, in quel periodo, le terre occupate dagli arabi, al sud. Quando questi, sotto Maometto, lasciarono il Deserto arabico per diffondere l'Islam, nel settimo secolo, le guerre tra Bizantini e

Persiani, sfiancanti per entrambi i popoli, ne agevolarono il successo. Allo stesso modo, l'ascesa ottomana al potere fu facilitata dall'invasione mongola delle terre in mano agli Arabi, le cui forze ne uscirono fiaccate. Come se non bastasse, a neutralizzare la resistenza all'espansione ottomana, intervenne anche la loro accettazione dell'Islam, all'inizio del quattordicesimo secolo.

Poco dopo la conversione, gli Ottomani cominciarono ad assorbire i territori greci. La loro prima conquista fu la città di Bursa, nel 1326, il cui comandante, Evrenos, si arrese volontariamente a Osman, diventando poi musulmano. Osman morì poco dopo e fu succeduto dal figlio, Orhan, che fece di Bursa la capitale ottomana. Orhan riuscì a portare altri territori greci sotto il suo dominio e nel 1331 conquistò Nicea, dove più di mille anni prima Costantino aveva convocato il concilio ecumenico in cui si era formulato il fondamentale Credo niceno (325). Nel 1333, i Bizantini furono costretti a rendere omaggio agli Ottomani. Durante la guerra civile bizantina combattuta tra il 1342 e il 1347, gli Ottomani formarono un'alleanza con il nuovo imperatore, Giovanni VI Cantacuzeno, contro il rivale Paleologo, e Orhan ne prese in moglie la figlia, la principessa Teodora, nel 1346.

Orhan e i Turchi ottomani destarono serie preoccupazioni al Cristianesimo occidentale quando, nel 1353, conquistarono Gallipoli, sul versante europeo del Bosforo. Gli Ottomani attraversarono il Mar Egeo dall'Asia minore su invito di Giovanni VI, che mirava a indebolire il suo nemico, e si mobilitarono per estendere il proprio dominio in Tracia. Questa mossa lasciò l'Europa sgomenta ma, essendo già provati da una serie di altre calamità nel quattordicesimo secolo, gli europei non riuscirono a mettere assieme forze sufficienti, eccetto quelle slave e greche già presenti nei Balcani.

I Turchi trassero ulteriori benefici dalla morte nel 1355 di Stefano Dušan, imperatore di Serbia e fondamentale baluardo dell'Europa contro la loro avanzata. Nel 1359, Orhan morì a sua volta e fu succeduto dal figlio, Murad, considerato da molti storici il vero fondatore dell'Impero ottomano. Nel 1361, egli conquistò prontamente Adrianopoli, una delle più importanti città bizantine. Dieci anni dopo, sconfisse i Serbi sul fiume Marizza. La seconda città bizantina per grandezza, Tessalonica, cadde nel 1387, e nel 1389 gli Ottomani sconfissero di nuovo i Serbi nella battaglia della Piana dei Merli, mettendo fine all'indipendenza serba. Murad morì contestualmente e gli successe il figlio, Bayezid.

La rapida avanzata dei Turchi islamici sui confini orientali dell'Europa era fonte di angoscia per i cristiani. Tuttavia, dopo aver placato gli slavi e consolidato i possedimenti europei, Bayezid volse la propria attenzione verso l'Asia Minore. Ciononostante, Sigismondo condusse l'esercito magiaro in Bulgaria, costringendo Bayezid a tornare sui suoi passi per proteggere i territori europei. Sconfisse il rivale e assorbì la Bulgaria sotto il suo controllo, poi si concentrò su Costantinopoli. Malgrado i bizantini non gli avessero dato buone ragioni per farlo, Bayezid mise la città sotto assedio — nessun sovrano turco prima di lui l'aveva mai fatto. Con l'aiuto di Genova e Venezia, e grazie alle sue formidabili mura difensive (alcune delle quali sono in piedi ancora oggi), Costantinopoli riuscì a resistere finché l'assedio non fu sollevato.

Gli antichi Greci insegnavano che alla tracotanza segue sempre una punizione e, se il fallito assedio di Costantinopoli fu un esempio di eccessiva presunzione, allora la mal concepita maniera in cui Bayezid gestì l'incursione di Timur (Tamerlano) in Asia Minore, nel 1402, mostrò i segni inconfondibili della punizione. Errori tattici, strategici e diplomatici causarono la disfatta delle forze ottomane nella battaglia di Angora. Bayezid cadde prigioniero e morì poco dopo.[8]

La sconfitta di Angora, tuttavia, non frenò l'espansione ottomana. I soldati slavi e le province balcaniche rimasero leali ai Turchi, e Timur non fece seguire alla sua vittoria ulteriori campagne militari in Asia Minore. Nel maggio 1453, sotto il sultano Maometto II, armati di enormi cannoni e aiutati dalle recenti migliorie nella polvere da sparo, gli Ottomani espugnarono le mura occidentali di Costantinopoli — mai prima d'allora violate —, conquistando la città. Nel luglio dello stesso anno, i francesi impiegarono per la prima volta una massiccia quantità di artiglieria da campo contro gli inglesi, nella battaglia di Castillon, mettendo fine alla Guerra dei cent'anni. La polvere da sparo era ormai

---

[8] Icaro avrebbe dovuto ascoltare il padre Dedalo e volare né troppo in alto né troppo in basso, scegliendo una via di mezzo, che per Aristotele è dove risiede la virtù, ma il ragazzo peccò d'arroganza e imparò la lezione sulla sua pelle.

matura e funse da acceleratore per la rapida transizione da un modo di combattere medievale a uno moderno.

Maometto fece di Costantinopoli la sua capitale e Santa Sofia, la maestosa basilica cristiana fatta costruire da Giustiniano nel 537, divenne una moschea. Paradossalmente, il cristianesimo occidentale, che aveva fallito nell'offrire un aiuto adeguato a Costantinopoli nel conflitto con l'Islam, trasse vantaggio dalla caduta della città, accogliendo gli studiosi greci in fuga dai conquistatori turchi. Tali studiosi portarono in Occidente preziosi manoscritti che contribuirono all'arricchimento culturale dell'Europa e al nascente periodo che oggi conosciamo come Rinascimento.

8

Un secolo di sofferenze
I rigori della vita medievale

Nel Medioevo, la grande maggioranza della popolazione, forse il novanta percento, era costituita dalla classe contadina, che viveva all'interno o nei dintorni di un villaggio e lavorava nel settore agricolo. La vita di chi vi apparteneva era governata dalla Chiesa, dal padrone e dal ciclo annuale della semina e della raccolta. A quei tempi, la vita era precaria e un brutto raccolto poteva fare la differenza tra l'essere poveri e il morire di fame.

Eppure, malgrado la fatica e il duro lavoro che svolgevano, molti contadini[9] avevano una dieta povera in fatto di varietà e mal distribuita nel corso dell'anno. La maggioranza sopravviveva grazie a porridge, zuppe, stufati e pane nero non lievitato a base di grano, segale e avena. Le verdure erano disponibili per una parte dell'anno, mentre la carne rimase un alimento raro per i servi fino al quattordicesimo secolo quando, soprattutto quella di maiale, divenne un elemento regolare della loro dieta. Il latte di mucca,

---

[9] Chiamati anche "servi" o "servi della gleba".

pecora e capra era accessibile tutto l'anno. Anche il pesce poteva fare la sua apparizione sul menù, così come conigli, pollame e altra selvaggina che gli era permesso cacciare per concessione dei rispettivi signori.

Le donne avevano un ruolo subordinato in ogni rango della società medievale. Quelle di estrazione contadina svolgevano varie mansioni: facevano lavori domestici, tessevano o rattoppavano i vestiti, badavano ai bambini, si prendevano cura dell'orto o del bestiame, si dedicavano a una particolare attività manuale. Fare vestiti richiedeva moltissimo tempo, proprio come produrre beni alimentari, procurarsi acqua potabile, costruire o riparare case e altri edifici, aggiustare attrezzi, rimediare legna da ardere. Gli abiti medievali erano raramente fatti di cotone, dato che si trattava di un bene importato e difficile da filare con i mezzi a disposizione all'epoca. I vestiti erano quindi di lana — una popolare merce di scambio che rappresentava una grossa industria — o di lino, ricavato dalle fibre della rispettiva pianta. I contadini che possedevano più di due set di vestiti erano pochissimi.

I castelli e le tenute di re e nobili potevano essere ampie e lussuriose per gli standard medievali ma, per il contadino medio, l'alloggio tipo prevedeva una casupola in legno di una o due stanze con un pavimento di terra battuta. Gli animali vivevano nelle vicinanze e a volte nella casa di famiglia, che era sempre a rischio incendi. Gli artigiani che lavoravano col fuoco dovevano prestare particolare attenzione. Le finestre erano piccole e la luce fioca all'interno, anche di giorno. I camini erano piuttosto rari nelle case contadine e se il fumo del focolare non riusciva a filtrare da una feritoia o apertura sul tetto, si rischiava di affumicarsi. La ventilazione era scarsa e gli interni tendevano a puzzare dato che i contadini si lavavano di rado, forse una volta l'anno o addirittura neanche quello. Di solito, le case erano umide e fredde, soprattutto di notte, quando i carboni ardenti del focolare non rilasciavano calore a sufficienza. Per i bisogni, ci si recava all'esterno, in delle apposite strutture costruite sopra latrine a fossa, per poi pulirsi con del fieno, della paglia o dell'erba.

La condivisione degli spazi nella vita domestica medievale implicava una mancanza di intimità che, quando c'era, si limitava al dormire da soli, sebbene molti dormissero nudi all'epoca, spesso condividendo il letto con altri. Il sesso avveniva in simili contesti condivisi. L'allattamento in pubblico non era occorrenza rara e la familiarità delle genti medievali col seno femminile, oltre alla condivisione degli spazi, spiega perché un certo numero di compagni d'arme vide il seno di Giovanna, definendolo molto bello. Tutto ciò può sembrare strano ai nostri occhi, soprattutto dato che Giovanna teneva molto alla sua verginità. Ma nei villaggi medievali, tali occorrenze erano la norma.

Come si può immaginare, i contadini trascorrevano gran parte della vita all'aria aperta, sebbene pochissimi di loro si allontanassero mai dal proprio villaggio. Chi lo faceva, partiva a volte in pellegrinaggio verso un luogo considerato sacro dalla Chiesa. Per la maggior parte dei contadini, ciò significava raggiungere chiese regionali, cattedrali o santuari, ma chi poteva permettersi un viaggio più lungo, arrivava a Roma, Gerusalemme, Santiago de Compostela o la cattedrale di Canterbury. I motivi dietro a un pellegrinaggio erano vari: devozione, penitenza, ricerca di una cura per malattie, infortuni, mali o la richiesta di un favore per sé stessi o per altri, inclusi i parenti deceduti. Ma nel Medioevo, la gente viaggiava anche per lavoro o per participare a festival e fiere. Oltre a essere eventi molto importanti e caratteristici nella vita dell'epoca, questi non erano solo una fonte di intrattenimento: erano al pari di una festività e ciò che di più vicino a una vacanza si potesse fare in età medievale.

Come abbiamo visto, la morte nera contribuì alla crescita della classe media perlopiù nelle città e nei villaggi, ma anche in campagna. I famosi arcieri inglesi abili con l'arco lungo, ad esempio, erano in gran parte *yeomen* — uomini liberi, non nobili, spesso contadini — che nei periodi di guerra si mettevano al servizio del re. Nelle città e nei villaggi, i borghesi — o cittadini residenti in un centro abitato fortificato — includevano i mercanti e gli abili artigiani della classe media. Di solito, questi non rispondevano a un signore ma a un *burgermeister*, o sindaco. Gli artigiani avevano un proprio *cursus honorum*, che cominciava con un tirocinio (solitamente per maschi), passava per lo status di operaio qualificato e finiva con quello di esperto o maestro. Raggiunto questo traguardo, si entrava a far parte di una gilda, la versione medievale di un moderno sindacato.

Alcuni di questi artigiani si arricchivano, così come molti mercanti, soprattutto quelli che viaggiavano all'estero. Solitamente, un aumento di reddito e di status sociale è accompagnato da un interesse verso l'istruzione e i libri. Nell'Alto (ca. 476–1000 d.C.) e nel Basso Medioevo (ca. 1000–1450), i libri erano rari e si trovavano perlopiù nei monasteri. Tuttavia, nell'ultimo secolo dell'età medievale (ca. 1300–1450), l'alfabetismo aumentò e con esso la disponibilità di libri e la possibilità di accedere a un'istruzione. Tutto ciò contribuì all'ascesa del ceto medio e, quando nel 1454 Johannes Gutenberg usò la pressa a caratteri mobili per stampare la Bibbia, una crescente fetta di popolazione alfabetizzata era già ansiosa di beneficiare di quell'invenzione rivoluzionaria.

Malgrado il progresso sociale, l'Europa del quattordicesimo e quindicesimo secolo rimaneva un luogo violento. In ogni società, c'è chi gravita volontariamente verso il servizio militare, i combattimenti e la guerra, ma in età medievale molti giovani erano spinti verso simili impieghi dalla necessità. Le tecniche di coltivazione non si erano sviluppate granché dai tempi dei Romani e risultavano inefficienti secondo gli standard odierni. I figli delle famiglie contadine i cui terreni non erano abbastanza produttivi da supportare un nucleo familiare in crescita non avevano altra scelta se non partire, e magari cercare lavoro come soldati o mercenari. Allo stesso modo, i figli delle famiglie nobili non destinati a ereditare i terreni e le proprietà paterne venivano spesso addestrati per diventare cavalieri. Una volta cresciuti, lasciavano la residenza paterna per cercare fortuna altrove, con la speranza di guadagnarsi una propria tenuta o ducato.

Le battaglie campali programmate tra due grossi eserciti agli ordini di un re o di un gruppo di nobili erano rare nel Medioevo perché dispendiose, pericolose e imprevedibili. La perdita di soldati e cavalli, nonché i costi in fatto di equipaggiamento e ostaggi, erano un deterrente efficace contro imprese di così ampio respiro. Molto più comuni erano invece le schermaglie, i raid, i saccheggi, le incursioni, lo sciacallaggio e la presa di ostaggi con richiesta di riscatto. La Guerra dei cent'anni conobbe molte di queste modalità, efficaci nel distruggere le economie locali e nel causare seri problemi economici al re di Francia e ai suoi nobili. I castelli erano relativamente efficaci come difesa ma, essendo stazionari, non potevano risolvere del tutto il problema delle bande di soldati e mercenari erranti, che nella Guerra dei cent'anni giocarono un ruolo prominente e distruttivo.

Per alcuni, la transizione tra il combattere in un esercito strutturato sotto un re o un nobile e il riorganizzarsi in bande di mercenari agli ordini di un capitano — quando l'esercito ufficiale non necessitava più dei loro servizi — fu un passo breve da compiere. La cosa peggiore è che, nel riorganizzarsi, queste bande potevano configurarsi come manipoli di briganti, assassini e ladri. Gruppi di uomini addestrati alla guerra lasciati senza mezzi di sostentamento potevano facilmente sfruttare le loro capacità belliche per scopi personali. Quelli che un momento prima formavano una compagnia di soldati pronti a battersi per una buona causa o per i diritti del proprio signore, un momento dopo diventavano banditi e razziatori, rifugiandosi nei numerosi boschi e foreste che popolavano i paesaggi medievali. Viaggiare poteva essere pericoloso, soprattutto se da soli o in piccoli gruppi: altra ragione per cui i contadini non si allontanavano dai propri villaggi.

Nel Medioevo, la giustizia, quando c'era, era spesso violenta e brutale. Ciò non vuol dire che fosse sempre amministrata in modo equo, dato che giudici e sceriffi erano facilmente corruttibili. Quando veniva dispensata, essa si manifestava in una forma che oggi considereremmo crudele e brutale. Chi era semplicemente sospettato di un crimine veniva sottoposto a dure prove per dimostrare la propria innocenza (ad esempio: combattere, essere legati e gettati in acqua, essere esposti al fuoco o costretti ad attraversarlo). A volte, queste prove erano presiedute da membri della gerarchia ecclesiastica. Se si veniva giudicati colpevoli di un crimine, si poteva finire alla gogna, ai ceppi o torturati in diversi modi, rischiando in certi casi la morte, la disabilità permanente o la deturpazione fisica. Se il reato era abbastanza grave, si rischiava l'esecuzione. Streghe ed eretici venivano bruciati sul rogo: destino che toccò in sorte a Giovanna.

La gente medievale viveva a un passo dalla povertà. Un episodio sfortunato — un infortunio debilitante, la morte prematura di un padre o marito, un incendio causato da una scintilla del focolare o scoppiato nella casa a fianco — poteva portare una famiglia alla rovina, costringendola a contare sulla carità altrui.

Si viveva anche a un passo dalla morte. Il tasso di mortalità infantile e adolescenziale era alto nel Medioevo, e chi viveva fino a sessant'anni ci arrivava superando traversie, malessere e dolore fisico causati da ferite, malattie, parassiti e infezioni. Le conoscenze mediche erano limitate: la chirurgia era a uno stadio rudimentale e si affidava al salasso, mentre la teoria dei germi non era ancora stata formulata. L'igiene era scarsa e lo smaltimento dei rifiuti era problematico nelle strade affollate di città e centri abitati. Ovunque, si viveva circondati da ratti, pulci, topi e pidocchi. Il consumo di carne cruda o poco cotta poteva esporre a vermi intestinali o altri parassiti. Una vita di duro lavoro fisico portava all'artrite e la scarsità di frutta e verdura causava carenza di vitamine e scorbuto. Denti dondolanti, rotti o marci, un'igiene orale orfana di spazzolini o dentifricio, rifiuti umani e animali, morsi di questi ultimi e infezioni erano una componente abituale della vita. Armate vagabonde e bande di predoni erano solo una delle tante forme di violenza, e la carenza di prigioni e di forze di polizia faceva sì che la consueta occorrenza di crimini rendesse la vita ancora più insicura e pericolosa.

Era in questo contesto che viveva Giovanna. Vale la pena notare che, pur essendo così duri e coriacei, i suoi contemporanei la consideravano particolarmente dotata in fatto di forza, resistenza e coraggio, riconoscendole una notevole capacità di riprendersi da ferite e malattie.

9

Un secolo di sofferenze
La famiglia reale

Malgrado la fortuna di avere sangue reale, Carlo VII ricevette dei duri colpi dal destino sin dalla nascita. Era l'undicesimo figlio di Carlo VI (1368–1422) e Isabella di Baviera (1371–1435), figlia di Stefano III, duca di Baviera. Le probabilità che diventasse re erano praticamente nulle, ma la maggior parte dei suoi fratelli morì prima del 1422, anno in cui egli divenne delfino di Francia ed erede al trono:

1. Carlo, il primogenito (n. 1386), visse solo tre mesi;

2. Giovanna (n. 1388) visse solo fino al 1390;

3. Isabella (n. 1389), che fu moglie dello sventurato Riccardo II d'Inghilterra, morì nel 1409 all'età di vent'anni;

4. Giovanna (n. 1391) morì a quarantun anni, nel 1433;

5. Carlo (n. 1392) visse solo otto anni, fino al 1401;

6. Maria (n. 1393), suora, morì quarantacinquenne nel 1438;

7. Michela (n. 1395) fu la seconda moglie di Filippo il Buono, duca di Borgogna, un rivale di Carlo VII; morì nel 1422, a ventisette anni;

8. Luigi (n. 1397) morì diciottenne nel 1415;

9. Giovanni (n. 1398) fu delfino fino alla sua morte, nel 1417, che spianò la strada verso il trono di Francia per Carlo VII;

10. Caterina (n. 1401) divenne moglie di Enrico V d'Inghilterra come parte del trattato di Troyes, che escludeva Carlo VII dalla successione al trono; prima di morire, nel 1437, vide Carlo VII riconquistare gran parte dei territori finiti sotto il controllo inglese;

11. Carlo VII (n. 1403), che, con l'aiuto di Giovanna la Pulzella, divenne re di Francia; sopravvisse a tutti i suoi fratelli e morì nel 1461, a cinquantotto anni;

12. Filippo (n. 1407) visse solo qualche mese; il 1407 fu anche l'anno in cui Giovanni Senza Paura, duca di Borgogna, ordinò l'assassinio del suo rivale, Luigi d'Orléans, accelerando l'inizio di una guerra civile francese.

Il numero e la frequenza dei decessi nella famiglia reale dovettero pesare non poco sul re e la regina, anche in un'epoca con un alto tasso di mortalità infantile, ma la malasorte della famiglia non si limitò a questo. Carlo VII conobbe solo una versione di suo padre: quella affetta da gravi problemi mentali. Il primo episodio di follia di Carlo VI, che ora si crede fosse schizofrenia, si verificò nel 1392, quando egli uccise quattro uomini durante un'operazione militare. Nei periodi in cui era troppo instabile per governare, a fungere da reggente era Filippo l'Ardito, duca di Borgogna, ma da lucido, Carlo si affidava ai consigli di Luigi, duca d'Orléans. Questo portò a un inasprimento della rivalità politica tra i due duchi, che non mancavano di beneficiare dell'esenzione dalle imposte fondiarie ogni volta che il potere passava nelle loro mani. La tensione tra i due e tra i rispettivi successori si sarebbe rivelata letale, con conseguenze disastrose per la Francia e di cui avrebbe patito anche il regno di Carlo VII.

Come suo marito, anche Isabella soffriva di disturbi mentali. Malgrado non manifestasse episodi di follia, era soggetta ad acuti stati d'ansia e aveva numerose fobie. La sua salute fisica peggiorò quando contrasse la gotta e divenne talmente obesa da poter a stento camminare. Era una donna notoriamente promiscua, particolare che, nel giungere al trattato di Troyes del 1420, diede credibilità alle sue affermazioni riguardo al fatto che Carlo VII fosse un figlio illegittimo. Isabella diede anche un forte contributo alle politiche faziose e divisive che portarono alla guerra civile. Quando Carlo era piccolo e veniva educato alla corte francese, Isabella si mostrò benevola, ma più in là negli anni, decise di schierarglisi contro e allearsi col suo rivale, Giovanni Senza Paura.

La guerra civile si era insinuata nella famiglia reale.

10

Un secolo di sofferenze
La Guerra dei cent'anni (1413–1429)

Nel 1413, Enrico V divenne re d'Inghilterra. Forte, energico, virile, giovane, abile comandante sul campo e leader dal talento innato, egli era deciso a unire il popolo inglese sotto la sua corona e ottenere il trono di Francia, se non per sé stesso, almeno per il suo successore. Nel 1415, gli inglesi approdarono oltremanica sotto la sua guida. Dopo una spedizione militare che mise a dura prova il popolo della Normandia, Enrico sconfisse i francesi ad Azincourt il 25 ottobre, in una delle battaglie più famose e importanti del Medioevo.

Gli scontri diretti su larga scala erano rari a quei tempi, ma nel quattordicesimo secolo se ne verificarono alcuni che divennero leggendari, pur non rivelandosi decisivi. La battaglia di Azincourt rievocò precedenti in cui eserciti di semplici fanti e arcieri avevano sbaragliato cavalieri ben pagati e nobili di notevole valore:

- le milizie fiamminghe che, nel 1302, avevano sconfitto un esercito di cavalieri francesi nella battaglia di Courtrai;

- Robert Bruce che, nel 1314, a capo di un esiguo esercito scozzese di picchieri e cavalleggeri, aveva sbaragliato il più folto esercito di Enrico II nella battaglia di Bannockburn;

- gli arcieri inglesi armati di arco lungo che, guidati da Edoardo III nel 1346, avevano decimato il più numeroso schieramento di cavalieri francesi nella battaglia di Crécy;

- la più grande vittoria inglese della Guerra dei cent'anni, causa di tumulti politici in Francia, ovvero la battaglia di Poitiers, nel 1356, in cui gli arcieri dall'arco lungo inglesi avevano annientato i cavalieri francesi rimasti senza destriero e catturato il re di Francia, Giovanni II (re 1350–1364), oltre a molti nobili francesi. Giovanni era poi morto a Londra nel 1364, prima che il suo riscatto venisse pagato.

Prima che la battaglia di Azincourt avesse luogo, tuttavia, a nessuno dei due schieramenti sembrava che gli inglesi potessero replicare una di quelle famose vittorie. Il contingente francese era più numeroso e molti inglesi erano alle prese con la dissenteria. La sera prima dello scontro, questi ascoltavano scoraggiati i canti provenienti dal festoso accampamento francese, fiducioso in un'imminente e gloriosa vittoria e nella possibilità di catturare nobili da rilasciare su riscatto. Enrico camminava tra le truppe sconsolate incoraggiandole a riconquistare la speranza.

Come se non bastasse, piovve molto quella notte. Bagnati, malati ed esausti, gli inglesi erano alla fine di una campagna di saccheggi e carichi di un bottino che l'indomani non sarebbe servito a nulla. Ma la pioggia cadde anche sullo schieramento francese e, cosa più importante, sul campo di battaglia. Se il meteo favorì una delle due fazioni quella sera, di sicuro si trattò di quella inglese. Enrico aveva un altro importante vantaggio: quattromila arcieri con arco lungo da affiancare a duemila soldati armati. Ancora una volta, come successo in precedenza, gli arcieri inglesi provarono il loro inestimabile valore sul campo di battaglia.

Circondato su entrambi i lati da aree boschive, il terreno di scontro era molle e soffice per via del fango e dell'erba bagnata: del tutto inadatto per i cavalieri francesi dall'armatura pesante e per i loro destrieri altrettanto equipaggiati. Malgrado questo cruciale svantaggio, e come da tradizione, i francesi marciarono contro gli archi lunghi inglesi e vennero annientati a decine, replicando quanto successo a Crécy e Poitiers. Una coltre di frecce oscurò il cielo mentre uomini e cavalli impantanati nel fango scivolavano e rovinavano uno sull'altro. Incapaci di rialzarsi sotto il peso dell'armatura, i cavalieri giacevano ammucchiati, alcuni morti, altri vivi. I cavalli nitrivano, gli uomini urlavano, le frecce volavano. Ad un tratto, i francesi sembrarono sul punto di rompere le fila inglesi ed Enrico, coprendosi di un'infamia eterna e contro ogni norma bellica e cavalleresca, ordinò di uccidere i francesi consegnatisi come prigionieri da riscattare.

Alla fine, i morti francesi sul campo di battaglia furono migliaia, mentre le perdite dei rivali si fermarono a poche centinaia. Enrico tornò in patria vittorioso, accolto come un grande re e un rispettato comandante militare. Azincourt fu una vittoria schiacciante quanto quelle di Crécy e Poitiers. Tra i prigionieri ci fu Carlo, duca d'Orléans, il cui fratellastro, Jean, avrebbe guidato la difesa di Orléans contro l'assedio inglese del 1428–1429, per poi dare il suo vitale contributo come generale nell'esercito di Carlo VII. Jean d'Orléans (proclamato conte di Dunois nel 1439) sarebbe inoltre diventato un compagno d'armi di Giovanna, arginandone — come vedremo in seguito — l'insistenza nel voler sempre prendere l'iniziativa in battaglia. In questo senso, Giovanna assomigliava ai suoi compatrioti, ai cavalieri troppo sicuri di sé di Crécy, Poitiers e Azincourt, pronti a lanciarsi nella mischia in modo sconsiderato. L'implacabile impetuosità di Giovanna, tuttavia, non nasceva dall'onore cavalleresco o dalla speranza di fare ostaggi preziosi, ma dalla sua fede in Dio, nelle sue voci e nella certezza che il Signore le avrebbe concesso la vittoria.

Nel 1416, l'imperatore Sigismondo si recò in Francia e Inghilterra nel tentativo di ristabilire la pace, ma fallì ed Enrico invase nuovamente la Normandia nel 1417. Nello stesso anno, morì Giovanni, delfino di Francia[10], lasciando il titolo al fratello Carlo. Dopo la presa di Parigi da parte dei Borgognoni nel 1418, questo lasciò la città e stabilì la sua corte a Bourges. Il matrimonio con Maria d'Angiò — figlia di Luigi d'Angiò, re di Napoli, e Iolanda d'Aragona — lo collocò fermamente dalla parte degli Armagnacchi.

---

[10] Il termine "delfino" deriva dallo stemma araldico dell'erede francese su cui era raffigurato un delfino.

Le tensioni tra Borgognoni e Armagnacchi si allentarono timidamente quando Carlo cercò di riconciliarsi con Giovanni Senza Paura, che aveva ereditato il ducato alla morte del padre, Filippo l'Ardito, nel 1404. Tuttavia, in un secondo incontro nel settembre 1419, Giovanni — che nel 1407 aveva ordinato l'assassinio di Luigi d'Orléans, suo zio e amante di Isabella — fu ucciso con un colpo d'ascia sulla testa da uno degli Armagnacchi. Carlo era presente quando successe, ma non si sa se fosse a conoscenza del piano per ucciderlo. Ad ogni modo, i Borgognoni lo incolparono con veemenza.

Tutto ciò accorciò i tempi per il trattato di Troyes. Per vendicarsi dell'omicidio di Giovanni Senza Paura,[11] i Borgognoni aiutarono Enrico a catturare Parigi e re Carlo VI. Enrico riuscì a imporre la propria volontà sull'indebolito monarca francese e ne ottenne in moglie la figlia, Caterina di Valois, sorella maggiore di Carlo VII e più grande di questo di due anni. L'accordo stabiliva anche che Enrico, e il successore avuto con Caterina, sarebbe diventato legittimo re di Francia alla morte di Carlo VI. Il trattato di Troyes fu firmato il 21 maggio 1420.

La risultante alleanza anglo-borgognona consolidò e formalizzò la guerra civile in atto in Francia. Isabella godeva della protezione della Borgogna e supportava il trattato che aveva privato Carlo VII del diritto al trono. Al momento della firma, fece intendere che quest'ultimo fosse un figlio illegittimo — nato secondo alcuni dal rapporto con l'amante, Luigi d'Orléans — e

---

[11] La cui audacia probabilmente gli costò la vita.

che dunque la corona non gli spettasse. L'alleanza tra Borgognoni e inglesi e l'insinuazione materna di un'illegittimità furono duri colpi per Carlo. Negli anni a seguire, molti rimasero convinti che egli non avesse diritto al trono "per volere di Dio" e che non godesse del sacro potere concesso solo ai re legittimi.

Tuttavia, fu il destino a intervenire, ed Enrico morì trentacinquenne nel 1422, per una dissenteria contratta durante l'assedio di Meaux. Per gli standard dell'epoca, Enrico era un uomo religioso e, poco prima di morire, era intento a leggere un libro sulla Prima Crociata. Aveva sperato di unire Francia e Inghilterra in una crociata in Terra Santa, ma la sua morte prematura annientò questa sua aspirazione. Solo due mesi dopo, Carlo VI morì e il trono francese restò vacante.

Enrico VI, il figlio neonato di Enrico V e Caterina, fu riconosciuto re dagli inglesi e dalla fazione anglo-borgognona. Il diciannovenne Carlo VII fu proclamato re dai delfinisti, secondo cui Carlo VI non era stato nelle condizioni mentali di accettare i termini del trattato di Troyes. I delfinisti che non riconoscevano la legittimità di Carlo VII supportavano il cugino Carlo, duca d'Orléans, che però era ancora prigioniero in Inghilterra dopo la cattura nella battaglia di Azincourt.

A seguito della morte di Enrico, gli scontri minori continuarono: assedi ai castelli, razzie in villaggi, città e fattorie. Gli inglesi completarono la conquista della Normandia nella battaglia di Verneuil (1424), e Giovanni di Lancaster, duca di Bedford e fratello del defunto Enrico V, governò da reggente per il bimbo-re Enrico VI. Bedford, un abile ma irritabile comandante militare, era determinato ad assicurare il trono francese al nipote. Aiutato dall'alleanza con Filippo, duca di Borgogna, egli consolidò i territori nella Francia settentrionale e avviò una campagna militare mirata al controllo della Loira. Per riuscirci, doveva conquistare la città fortificata di Orléans, che gli avrebbe spianato la strada verso Bourges, il principale baluardo di Carlo. Nel 1428, al comando di Bedford, gli inglesi assediarono Orléans.

Carlo era in una posizione molto difficile. Le risorse economiche erano quasi esaurite e quelle militari non sarebbero bastate a espellere gli inglesi da Guienna e Normandia. Non poteva neppure concretizzare il suo diritto al trono, soprattutto perché Reims, dove di solito si tenevano le incoronazioni, era in mano ai rivali. Aiutato dalla suocera, Iolanda d'Aragona, attese gli sviluppi con apprensione in ciò che rimaneva dei suoi territori al sud della Loira. Spese più di quanto poteva pur di mantenere una corte nei vari castelli ancora sotto il suo controllo. Salvo grossi colpi di scena, sembrava solo questione di tempo prima che gli inglesi completassero la conquista della Francia. In più di un'occasione, Carlo valutò anche la fuga.

L'entrata in scena di Giovanna nel 1429 è una bizzarria storica. La fine dell'assedio d'Orléans — in cui lei fu decisiva, se non dal punto di vista militare, da quello spirituale e motivazionale — segnò un punto di svolta nella vita di Carlo e nella Guerra dei cent'anni, un punto che resterà indelebile tra le pagine della storia della civiltà occidentale.

Parte Due

La missione della Pulzella

Considerate infatti la vostra chiamata, fratelli: non ci sono fra voi molti sapienti dal punto di vista umano, né molti potenti, né molti deboli. Ma quello che è stolto per il mondo, Dio lo ha scelto per confondere i sapienti; quello che è debole per il mondo, Dio lo ha scelto per confondere i forti; quello che è ignobile e disprezzato per il mondo, quello che è nulla, Dio lo ha scelto per ridurre al nulla le cose che sono, perché nessuno possa vantarsi di fronte a Dio.

1 Corinzi 1,26-29

11

Un eroe è scelto
Nascita e primi anni (1412–1428)

All'epoca della nascita di Giovanna, nel 1412, la Francia era una terra di vite rovinate, speranze distrutte, sogni infranti, fattorie saccheggiate e ponti bruciati. Poi arrivò il miracolo chiamato Giovanna, un momento *deus ex machina* nella storia francese e dell'Europa occidentale che fece da catalizzatore per il crollo del potere inglese sul continente. La fine dell'assedio di Orléans, in cui lei giocò un ruolo cruciale, cambiò le sorti della guerra e della storia stessa. La sua carriera militare durò appena un anno, ma Giovanna fu determinante nel portare all'incoronazione di un re francese e alla perdita da parte dell'Inghilterra di tutti i territori posseduti oltremanica, ventidue anni dopo la sua morte, nel 1431.

Nel Medioevo, registri e documentazioni scritte sulle genti contadine erano scarsi, eppure di Giovanna sappiamo molto grazie alle trascrizioni dei suoi due processi. Il primo risultò in una condanna per eresia ma, in un sorprendente colpo di scena (o forse in un evidente esempio di ironia divina), le accuse pubbliche e la diffamazione subìte portarono a un secondo processo che produsse ulteriori testimonianze e aprì la strada alla sua canonizzazione, nel 1920.

È possibile fornire un resoconto adeguato della storia di Giovanna senza menzionare l'imperscrutabilità della volontà divina? Semplice contadina di un piccolo, irrilevante villaggio della Francia orientale, ella fu chiamata da voci misteriose a compiere una missione che andava ben oltre le sue capacità. Morta a diciannove anni, è diventata una delle donne più famose nella storia dell'Occidente, considerata nei secoli come simbolo dell'identità e del nazionalismo francesi, canonizzata da quella stessa Chiesa che la condannò e assolse, e che poi ne consolidò il trionfo nominandola santa patrona di Francia. La spiegazione di una tale improbabile sequenza di eventi potrebbe mai esulare dal riconoscere i modi incomprensibili in cui il Signore della Storia opera nelle vite dei santi-eroi? A quali altre cause può rifarsi l'ascesa di questa Pulzella se non alle dinamiche della divina provvidenza? E le voci che le parlavano non erano forse veritiere nel dirle che Dio l'avrebbe salvata?

~

Come vedremo, nella vita di Giovanna ci fu molto di straordinario, ma non nella sua nascita. Venne al mondo nel 1412, seconda figlia femmina e quartogenita di Jacques d'Arc, agricoltore e notabile di Domrémy, e Isabella, detta la Romea, che sarebbe stata la sua unica fonte d'istruzione religiosa. Come

Giovanna, entrambi i genitori erano analfabeti.[12] La casa di famiglia si trovava vicino alla chiesa del villaggio e il fatto che fosse in pietra e non in legno, e che Jacques crebbe cinque figli in buona salute, ci dice che egli godeva di una discreta posizione sociale nella sua comunità e disponeva di buone risorse per essere un contadino.

Come altre ragazze della sua età e classe sociale, Giovanna imparò a filare e cucire, svolgeva lavori di casa, si occupava del bestiame e lavorava in giardino e nei campi quando necessario, soprattutto nei periodi di raccolto. Aveva quattro fratelli, tre maschi e una femmina.[13] Stando alle trascrizioni del processo di riabilitazione, Giovanna era una ragazza insolitamente religiosa, tratto ereditato, a quanto pare, dalla madre, che aveva compiuto pellegrinaggi e aveva un confessore domenicano. Sappiamo anche che la sua era una famiglia cordiale, diligente e rispettata all'interno del villaggio e che Giovanna era eloquente, sveglia e benvoluta. La virtù morale e intellettuale che imparò a praticare da piccola si sarebbe rivelata cruciale durante la sua missione pubblica e nell'ultimo anno della sua vita.

Domrémy era fedele a Carlo VII e alla causa degli Armagnacchi, ma sorgeva nel nord-est della Francia: lontano dalla roccaforte del delfino e isolato da qualsiasi protezione che egli o i suoi alleati

---

[12] In seguito, Giovanna imparò a scrivere il suo nome. Ci sono giunte lettere originali dettate da lei sulle quali appose la sua firma.

[13] Jacquemin, Jean, e Pierre erano più grandi di Giovanna, ma non sappiamo se lei fosse maggiore o minore di Catherine, morta prima che la sorella intraprendesse la sua missione pubblica.

potessero estendere. La guerra civile cominciata nel 1407 non raggiunse Domrémy durante l'infanzia di Giovanna, malgrado le schermaglie tra i giovani del villaggio e quelli di Maxey, un centro abitato vicino al fiume Mosa e alleato della Borgogna. In effetti, Domrémy era circondato su tutti i lati da territori fedeli al duca di Borgogna e le devastazioni della guerra non potevano risparmiarlo per sempre. Era solo questione di tempo prima che la serenità dei primi anni di vita di Giovanna venisse infranta dai conflitti caratteristici di quell'epoca e di quelle zone.

Giovanna aveva tre anni quando Enrico V sconfisse i francesi ad Azincourt. Nel 1423, Robert de Saarbruck chiese agli abitanti di Domrémy del denaro in cambio protezione, ma la sua offerta si dimostrò inutile quando il villaggio fu attaccato, nel 1425, da predoni borgognoni fedeli al re d'Inghilterra. Il bestiame fu allontanato, le case bruciate e i beni di valore rubati. Gli abitanti del villaggio ne recuperarono alcuni grazie alla generosità di un signore locale e dei suoi cavalieri, che imbracciarono le armi contro i saccheggiatori, ma la chiesa fu incendiata e depredata e molte abitazioni richiesero tanto lavoro per essere riparate. Al processo, Giovanna testimoniò che quel raid ebbe l'effetto di galvanizzare gli abitanti di Domrémy contro gli inglesi, ma che, ancor di più, aizzò l'odio verso i Borgognoni.

Giovanna aveva tredici anni all'epoca dell'attacco e fu poco dopo che cominciò a sentire le voci di San Michele Arcangelo, Santa Margherita (probabilmente Margherita di Antiochia) e Santa Caterina (probabilmente Caterina d'Alessandria). La prima volta successe mentre si trovava nel giardino del padre. Udì una voce, accompagnata da una luce abbagliante, provenire dalla chiesa — voce che in seguito avrebbe identificato come quella di San Michele. Le prime rivelazioni la esortarono a preservare la verginità per il bene della sua salvezza. Le fu poi detto che era stata scelta dal "Re dei Cieli" per "risanare il regno" di Francia. Giovanna rimase fedele e perlopiù obbediente a queste voci per il resto della vita, poiché credeva di sentirle per volere di Dio.

Le voci di Giovanna e le visioni che le accompagnavano sono una peculiarità storica, e all'epoca erano significative per via delle profezie che circolavano nelle campagne francesi riguardo a una "vergine" o "pulzella" che si sarebbe erta a salvare la Francia. Giovanna si identificò con tali profezie, acquisendo autorità e credibilità e, soprattutto durante l'assedio d'Orléans, divenne nota come la vergine che avrebbe salvato la Francia. Ciò fu cruciale per la sua identità e immagine di sé. Giovanna era *la* "vergine" o "Pulzella" — "Jehanne la Pucelle", come ella stessa si ribattezzò — arrivata a cacciare gli inglesi dalla Francia: se necessario, anche tramite guerre e spargimenti di sangue.

12

La pienezza del tempo
L'ascesa della Pulzella (1428–1429)

Giovanna continuò a sentire voci e avere visioni senza farne parola con nessuno fino al 1428. Gran parte di ciò che le fu rivelato la riguardava personalmente, con un'enfasi speciale sull'importanza di preservare la propria verginità. Ci fu un giovane che si fece avanti per sposarla ma lei lo respinse, supportata da una corte ecclesiale che si schierò al suo fianco.

Quando compì sedici anni, le voci le dissero di recarsi a Vaucouleurs, una vicina piazzaforte leale a Carlo VII. Fu allora che le voci cominciarono a prepararla per la sua missione pubblica: salvare la Francia dalle costanti guerre e far incoronare Carlo VII. Le voci le intimarono di non rivelare ai genitori la sua intenzione di recarsi a Vaucouleurs e così, nel maggio 1428, Giovanna ottenne il permesso di andare a dormire dalla cugina in una città non lontana. Una volta sul posto, convinse il marito di questa, Durand Laxart, a portarla a Vaucouleurs.

Raggiunta la piazzaforte, e aiutata dalle voci, Giovanna riconobbe immediatamente il comandante armagnacco della guarnigione, Robert de Baudricourt, malgrado non l'avesse mai visto prima. Lo avvicinò senza tante cerimonie e richiese una scorta armata per raggiungere Chinon, dove risiedeva la corte itinerante del delfino. Il comandante si rifiutò categoricamente. All'epoca, non era inusuale che una ragazza si credesse investita della missione divina di salvare la Francia e che andasse via di casa per presentarsi al cospetto di un nobile richiedendo aiuti militari. Giovanna tornò a Domrémy delusa ma ancora vergine, esito non scontato visto che Baudricourt era un noto donnaiolo.

Domrémy fu di nuovo invasa dai predoni borgognoni nel luglio 1428, costringendo Giovanna, la sua famiglia e gli altri abitanti del villaggio a rifugiarsi a Neufchâtel. Gli inglesi e gli alleati della Borgogna avevano di recente avviato una nuova campagna militare. Cercarono di conquistare Vaucouleurs, ma fallirono. Misero anche sotto assedio Orléans: una pessima notizia per Carlo e gli Armagnacchi.

A Neufchâtel, Giovanna trovò lavoro in una locanda e nel tempo libero imparò a cavalcare. Furono probabilmente le voci a suggerirglielo, continuando a prepararla a salvare Orléans nelle poche settimane passate a Neufchâtel. In seguito, al processo, Giovanna testimoniò che le voci le avevano detto che avrebbe avuto a disposizione solo un anno o poco più, il che ci aiuta a comprendere la sua caratteristica impazienza e determinazione nello sconfiggere gli inglesi e incoronare Carlo, oltre a darci un'idea di quanto dovesse essere impellente la sua necessità di completare la missione divina.

Senza dirlo ai genitori, Giovanna tornò a Vaucouleurs nel gennaio 1429. Stavolta, la sua ostinazione fu fruttuosa, perché con la forza delle sue convinzioni e della sua personalità vinse il favore degli ufficiali di Baudricourt. Informò il comandante che gli inglesi stavano avendo la meglio in un'importante battaglia nei pressi di Orléans e, qualche giorno dopo, arrivò un messaggero a confermare ogni sua parola. A febbraio, Baudricourt acconsentì finalmente a darle una scorta armata per raggiungere il delfino attraverso il territorio nemico. In vista della convivenza forzata con i soldati, Giovanna si tagliò i capelli e prese a indossare abiti maschili, forse per ragioni pratiche oltre che per proteggere la propria verginità. Insieme al gruppo armato, Baudricourt le diede anche un cavallo e una spada.

Il secondo soggiorno a Vaucouleurs in attesa della partenza per Chinon fu un momento trasformativo per Giovanna, una sorta di pietra miliare, un rito di passaggio cruciale nella sua vita. Da questo momento in poi, prese a chiamarsi "la Pulzella", la "vergine" che avrebbe salvato la Francia. Il 13 febbraio, partì con la sua scorta armata. Carlo II, duca di Lorena, sentì parlare di lei e chiese che gli facesse visita sulla strada per Chinon. Era malato e sperava in una cura. Giovanna non gliene fornì una, ma si offrì di pregare per lui e lo sgridò per l'infedeltà verso la moglie e per essersi fatto un'amante. In cambio delle sue preghiere e dietro sua richiesta, Carlo permise a Giovanna di ripartire accompagnata da suo figlio, il duca d'Angiò, e da altri uomini che le sarebbero stati utili. Le diede anche un cavallo nero e quattro franchi.

Dopo un viaggio di undici giorni e 563 chilometri, Giovanna e la sua scorta giunsero a Fierbois, nei pressi di Chinon. La giovane inviò un messo al delfino per chiedere udienza e rimase a pregare nella cappella di Santa Caterina, recuperando le forze. La storia di Giovanna la Pulzella e della sua missione per salvare il paese si era già diffusa in Francia, e gli abitanti di Chinon aspettavano il suo arrivo con grande speranza e curiosità.

Carlo era riluttante all'idea di incontrarla e chiese che prima venisse esaminata da dei chierici. Qualche giorno dopo, acconsentì a riceverla ma decise di metterla alla prova. Quando entrò nella sala reale dove lui e la sua corte si erano riuniti, Giovanna scrutò la folla in cerca del delfino, vestitosi in modo da non distinguersi dagli altri. Pur non avendolo mai visto, Giovanna lo riconobbe all'istante e gli si presentò. Si riferì a lui come al re di Francia e gli raccontò della missione di cui era stata investita per salvare Orléans e portarlo a Reims per essere consacrato re.

Un uomo nella posizione di Carlo era costretto a centellinare la fiducia. Dopo una breve presentazione, egli prese Giovanna da parte e le parlò in privato. Non sappiamo cosa si dissero, ma quando si riunì ai cortigiani, Carlo apparve di ottimo umore e abbastanza convinto da mandare Giovanna a Poitiers per farla esaminare da alcuni teologi di sua fiducia. Fu lì che lei predisse quattro eventi futuri, ognuno dei quali si sarebbe avverato:

1. l'assedio di Orléans sarebbe stato sollevato;

2. Carlo VII sarebbe stato incoronato re di Francia a Reims (a quel tempo ancora saldamente sotto il controllo inglese);

3. Carlo avrebbe riconquistato la fedeltà e l'obbedienza di Parigi (saldamente sotto il controllo borgognone);

4. Carlo, duca d'Orléans, ancora prigioniero in Inghilterra, sarebbe stato liberato, facendo ritorno in Francia.

Giovanna giocò un ruolo fondamentale nell'avverarsi delle prime due predizioni, mentre le altre due si realizzarono dopo la sua morte nel 1431. Il popolo parigino, invece, riaccordò la propria lealtà a Carlo nel 1437. Poi, nel 1440, dopo venticinque anni di prigionia e con l'aiuto dei suoi precedenti nemici, Filippo il Buono e Isabella di Portogallo, Carlo d'Orléans tornò in Francia da uomo libero. Aveva quarantasei anni al momento della liberazione e si dice che ormai parlasse meglio l'inglese che il francese.

Gli ecclesiastici di Poitiers giudicarono Giovanna una cattolica fedele dal virtuoso carattere morale. Le chiesero di provare che fosse Dio a mandarla e lei disse che la prova sarebbe arrivata a Orléans. La sua partecipazione al tentativo di sollevamento dell'assedio non trovò opposizioni e a Carlo fu fatto notare che la presenza di Giovanna poteva rivelarsi positiva, oltre a mettere alla prova l'autenticità delle sue voci. Dopo aver subìto un altro esame condotto dalla suocera di Carlo, Iolanda d'Aragona, per confermarne la verginità, Giovanna entrò finalmente nell'esercito del delfino.

Carlo fece fabbricare per lei un'armatura speciale che pesava all'incirca ventisette chili. Pur avendo ancora la spada donatale da Baudricourt, Giovanna chiese di averne una in particolare: quella conservata dietro l'altare della cappella di Santa Caterina, a Fierbois, e della cui esistenza l'avevano informata le sue voci. La descrisse parlando di cinque croci incise e disse che era sepolta o davanti o dietro l'altare. Con grande sorpresa di chi fu inviato a cercarla, la spada era lì: venne facilmente ripulita dalla ruggine e le fu consegnata. Giovanna l'avrebbe poi rotta sulla schiena di una prostituta che si intratteneva con dei soldati nell'accampamento, episodio che Carlo interpretò come presagio nefasto.

Le fu anche concesso di disegnare il proprio stendardo che, stando a Jean d'Orléans, raffigurava Cristo con in mano dei gigli. Durante il processo, la stessa Giovanna affermò che erano state le voci a suggerirle quel disegno e che lo amava più di qualsiasi altro elemento del suo equipaggiamento militare. Lo stendardo divenne famoso e, secondo lei, portarlo le evitò di dover uccidere. Che Giovanna fosse a cavallo o a piedi, lo stendardo segnalava alle truppe la sua posizione sul campo[14], fungendo a volte da grido di battaglia. Divenuto un simbolo della resistenza francese contro gli invasori inglesi, e alla stregua dell'Arca dell'Alleanza portata in

---

[14] Non sappiamo che aspetto avesse Giovanna, ma alcune fonti la descrivono come bassa e robusta, fisicamente forte e in salute.

guerra dagli antichi Israeliti, lo stendardo di Giovanna simboleggiava il potere di Dio tra le fila dell'esercito francese.

Insieme ad altri soldati, Carlo le assegnò uno scudiero, Jean d'Aulon, membro del suo stesso consiglio, concedendole una certa autorità, anche se solo onoraria. Forse sotto richiesta della stessa Giovanna, le diede anche un confessore, Jean Pasquerel, un frate mendicante che aveva conosciuto la madre della giovane durante un pellegrinaggio. A completare l'entourage, si aggiunsero i fratelli di Giovanna, Jean e Pierre, che ricevettero a loro volta delle armature.

Gli uomini che combatterono al suo fianco erano leali ed entusiasti. La consideravano la vergine profetizzata mandata da Dio, nonché la loro migliore speranza di evitare una sconfitta quasi certa per mano degli inglesi. Giovanna non era mai stata in battaglia, non aveva mai studiato per diventare cavaliere o imparato le strategie militari, e non si era mai neanche allontanata dal suo villaggio natale fino ad allora, ma aveva delle qualità che non possono essere insegnate. Era carismatica e aveva uno spirito guerriero, oltre a una straordinaria resistenza fisica e mentale. Era molto intelligente e aveva una memoria eccezionale, il che le permetteva di essere tagliente nelle risposte e la aiutava a guadagnare il rispetto degli uomini. Era anche fermamente convinta che la sua fosse una causa virtuosa ed era sicura del supporto divino che si aspettava di ricevere.

In breve, la sua fede era irremovibile.

Un eroe è scelto

13

L'evento-eroe di Giovanna
L'arrivo della Pulzella

A fine aprile 1429, a Blois, Giovanna si unì a uno schieramento di rinforzi, prima di partire alla volta di Orléans. La precaria situazione degli Armagnacchi non era del tutto irrecuperabile, ma gli inglesi avevano circondato la città quasi per intero e la cinta muraria era indebolita in diversi punti. La resistenza all'interno della città non era ancora stata piegata e i cittadini si erano rivolti a Filippo, duca di Borgogna, per chiedere clemenza poiché il loro signore, Luigi, duca d'Orléans, era prigioniero in Inghilterra. Filippo avrebbe accettato volentieri di impossessarsi della città in cambio della sua neutralità, ma Bedford rifiutò la proposta. Pur senza fornire assistenza militare per resistere all'assedio, Filippo ritirò un esiguo distaccamento di soldati borgognoni schierati a fianco degli inglesi.

L'entrata in scena di Giovanna fu un catalizzatore immediato per il morale dei francesi. Energica e autoritaria, marcia in più della causa delfinista, Giovanna si dimostrò impaziente a strategie che non implicassero un attacco diretto e frontale. Propendeva sempre per la carica e gli ordini che impartiva non erano mai ambigui. Aveva solo un anno per completare la sua missione divina e credeva che l'unico modo per fallire fosse il tradimento e l'incapacità di agire. Le lettere che dettò, destinate al duca di Bedford, erano intrise di un linguaggio religioso che descriveva la sua causa ben oltre la dimensione politica o militare. Giovanna combatteva per volontà di Dio e avrebbe giovato del Suo potere, e se Bedford e gli inglesi non si fossero arresi, avrebbero capitolato sotto il potere della sua spada.

Giovanna arrivò ad Orléans e si unì ufficialmente agli Armagnacchi il 29 aprile 1429. Le forze armate di Carlo erano guidate da Jean d'Orléans che, qualche giorno prima, in una mossa insolita, si era recato a Blois per salutarla di persona. Malgrado i suoi dubbi riguardo all'autenticità di quella vergine, Jean la accolse di buon grado nel suo accampamento. Durante la permanenza nell'esercito, Giovanna testò spesso la pazienza di comandanti e strateghi, incitandoli con insistenza all'attacco. Ciononostante, Jean d'Orléans trattò sempre con rispetto sia lei che la sua causa, pur non concedendole un vero e proprio ruolo di comando.

Ma il vero potere di Giovanna risiedeva nel suo ascendente sulle truppe, di cui aveva vinto il favore. Le probabilità che una contadina adolescente riuscisse a instaurare un genuino senso di cameratismo con dei temprati uomini d'arme medievali erano quasi nulle, eppure lei riuscì a guadagnarne il rispetto attraverso la forza della sua convinzione nell'origine divina della sua causa; superò l'ostacolo del proprio sesso così ampiamente che i soldati schierati al suo fianco affermarono di non aver mai provato lussuria verso di lei, malgrado alcuni le avessero visto il seno mentre si cambiava. Erano ammaliati dalla sua verginità, convinti che le conferisse un potere divino da incanalare verso un successo sul campo di battaglia. Giovanna pretese che i soldati la smettessero di imprecare, che confessassero i propri peccati e andassero a messa, e che si astenessero dal saccheggiare e derubare i civili. Non era solo "la Pulzella", l'incarnazione di una profezia che prometteva la liberazione da una guerra infinita, ma qualcosa di simile a una santa vivente.

I volontari accorrevano sotto il suo stendardo e molti le obbedivano quando ordinava di attaccare, nel vivo di una battaglia. Il Medioevo è stato spesso chiamato "l'età della fede" — in Dio, nella Chiesa, nei miracoli, nelle profezie — e sembrava che tutta la Francia, o almeno quella ancora fedele al delfino, avesse riposto la propria fede in "Jehanne la Pucelle".

Il suo primo incarico fu aiutare a portare viveri all'interno di Orléans, missione che all'inizio non accettò con grande entusiasmo. Se le dinamiche tra lei e Jean d'Orléans si fossero basate sul loro primo incontro e se Jean non si fosse comportato da gentiluomo, il rapporto tra i due sarebbe stato molto problematico. Giovanna credeva che gli Armagnacchi avrebbero attaccato gli inglesi immediatamente dopo il suo arrivo e che Dio avrebbe concesso la vittoria alla Francia per mezzo della sua leadership. L'incarico di consegnare i viveri lo interpretò come un tentativo di ingannarla da parte di Jean, così gli riservò parole dure al loro incontro successivo. Comprensivo e cortese, Jean le spiegò che c'era bisogno di rifornimenti per muovere un attacco che andasse a buon fine e che la guerra non consisteva solo nello scontro fisico. Giovanna, frugale per natura, esitò di fronte a un compito così mondano e che riteneva deviasse dalla sua missione, ma accettò comunque di dare il suo aiuto. Persisteva però il problema del vento contrario che impediva alle navi con i viveri di approdare, ma Giovanna disse a Jean di non preoccuparsi e, in quell'esatto momento, il vento cambiò direzione. Jean rimase di stucco, Giovanna non sembrò sorpresa.

Gli inglesi non riuscirono a impedire che le navi di rifornimento raggiungessero la città e i trentamila abitanti di Orléans ricevettero le provviste necessarie. Oltre a garantire i viveri, Jean si preoccupò del loro morale e chiese a Giovanna di accompagnarlo in città. Lei obiettò, vedendolo come l'ennesimo rinvio di uno scontro militare con gli inglesi, ma acconsentì ancora una volta alla richiesta di Jean.

Pur non ricoprendo una carica di comando nell'esercito francese, Giovanna ebbe un ruolo di valore inestimabile come leader spirituale e morale delle truppe: proprio ciò di cui gli Armagnacchi avevano bisogno in quel momento. Ogni vittoria a lei collegabile non avrebbe fatto altro che confermare la sua identità di "Pulzella" inviata dal Signore per cacciare gli inglesi e incoronare Carlo. Al fianco di Jean e in bella vista per i rivali, a cui mancavano i soldati necessari a coprire tutto il perimetro delle mura, Giovanna entrò a Orléans in sella al suo palafreno bianco.

I cittadini accorsero a salutarla con grande giubilo. "La Pulzella" era giunta e aveva ancora un anno per completare la sua missione, anche se il suo primo, grande (e storico) successo era vicinissimo. Nel giro di dieci giorni, infatti, gli inglesi avrebbero sollevato l'assedio, battendo in ritirata.

14

La marea della storia cambia
La battaglia di Orléans

La città di Orléans era sotto assedio dall'ottobre del 1428. Mentre gli Armagnacchi aspettavano i rifornimenti, Giovanna dettò delle lettere indirizzate a Bedford e ad altri capitani inglesi. Le prime due sono andate perdute. Una terza, datata 22 marzo 1429, fu lanciata oltre le mura delle fortificazioni inglesi sulla punta di una freccia, attirando gli scherni dei soldati avversari, che deridevano Giovanna chiamandola "mandriana" e "puttana", urlandole di tornare al suo villaggio a "occuparsi delle mucche". In questa lettera (probabilmente simile nei contenuti alle due precedenti), Giovanna intimava agli inglesi di abbandonare le postazioni fortificate attorno alla città e di arrendersi a "la Pulzella... mandata qui da Dio, il Re dei Cieli". Gli imponeva inoltre di rinunciare a tutti centri abitati conquistati e di pagare i danni causati al popolo francese. Promise di aver pietà di loro e di garantire la pace se avessero obbedito alle sue richieste, aggiungendo che avrebbero potuto andare e "unirsi a lei". Minacciò invece di far uccidere chiunque non l'avesse ascoltata. Bedford rispose col silenzio.

Giovanna si riteneva al servizio del "Re dei Cieli" più che del re di Francia, ed era questo a darle sicurezza più di ogni altra cosa. Eppure, ci furono diversi episodi — compresi quelli precedenti alla battaglia di Orléans — in cui la sua sicurezza rasentò l'impertinenza. Aveva dimostrato la sua caratteristica sfrontatezza per la prima volta quando aveva chiesto a Baudricourt una scorta armata per recarsi dal delfino, e una seconda quando, sentendosi tradita, aveva affrontato con audacia Jean d'Orléans per averla destinata al trasporto di viveri invece che alla battaglia. Più in là nella sequela di avvenimenti, mentre John Falstof conduceva un esercito inglese verso Orléans, Giovanna minacciò Jean di decapitarlo se non l'avesse avvisata all'arrivo del nemico. Ma ciò che per alcuni è avventatezza e impetuosità, per altri è determinazione e fiducia in sé stessi e, in un'era diversa e in circostanze disperate, la linea di confine tra le due cose può essere sfocata.

Episodi simili si possono interpretare come prova della fede di Giovanna nell'origine divina della sua missione e della fiducia che riponeva nelle sue voci. I compaesani che testimoniarono al suo processo di riabilitazione la descrissero come educata ed eloquente quando viveva nel villaggio: forse la stessa Giovanna si rese conto che, in quanto giovane contadina adolescente, doveva mostrarsi più energica per farsi ascoltare dall'altro sesso in un mondo fatto di campi di battaglia, armamenti, macchine d'assedio e conquiste. Si adattò a uno scenario sconosciuto come meglio poté, senza essere pienamente matura, come tante adolescenti.

Questo processo di adeguamento allo stile di vita militare medievale non fu scevro di errori di valutazione e difficoltà, e bisogna stare attenti a non imporre il nostro ideale di santità moderno e naïve su questa ragazza rude, brusca, tenace, intelligente e talentuosa di estrazione contadina. È vero che Giovanna sapeva essere irragionevole, esigente e agguerrita, ma era anche un'irriducibile visionaria e idealista, un'adolescente appassionata costretta a sovracompensare la propria giovinezza e femminilità con minacce in apparenza sprezzanti, che a volte si risolvevano in crisi di frustrazione e pianto.

Non essendo riuscita a persuadere gli inglesi alla resa, Giovanna tornò all'accampamento in attesa di ordini da Jean d'Orléans. Questi si stava ancora riprendendo da una ferita rimediata nel febbraio 1429, durante la "Battaglia delle aringhe", quando le forze francesi avevano avuto la peggio contro un piccolo convoglio inglese di rifornimenti— perlopiù di aringhe sott'aceto da consumare durante la Quaresima. La responsabilità della disfatta era ricaduta su John Stuart di Darnley, uno scozzese che aveva avventatamente guidato la carica senza aspettare i rinforzi, pagando la sua imprudenza con la vita. Altri comandanti di rilievo che morirono quel giorno furono Louis di Rochechouart e William di Albret. La debacle della "Battaglia della aringhe" aveva fatto sprofondare ulteriormente il morale dei soldati armagnacchi e dei cittadini di Orléans, minando inoltre la fiducia in Jean come capo dell'esercito francese, malgrado si fosse dimostrato un abile stratega e comandante sul campo.

Mercoledì 4 maggio, Giovanna cenò con Jean e venne a sapere da lui che un esercito inglese guidato da John Falstof era in avvicinamento. Lei fu contenta di questa notizia e intimò a Jean di informarla all'arrivo di Falstof, oppure "Ti farò tagliare la testa!". Col suo caratteristico tatto, Jean le assicurò che l'avrebbe informata e che non dubitava che lei avrebbe mantenuto la parola in caso contrario. Finita la cena, Giovanna si ritirò nei suoi alloggiamenti per riposare.

Malgrado la cortesia dimostrata, Jean e gli altri ufficiali francesi consideravano Giovanna poco più di una mascotte o di un portafortuna, magari utile a ispirare e sollevare il morale ma non ad approntare strategie o comandare le truppe in battaglia. Quello stesso giorno, mentre lei dormiva, Jean guidò un contingente contro gli inglesi che avevano occupato il monastero di Saint-Loup. Giovanna si svegliò di soprassalto, allertata dalle sue voci sullo spargimento di sangue francese in atto. Rimproverò il suo paggio, Louis di Courtes, e gli ordinò di preparare il cavallo e armarla. Quando fu sul punto di partire verso la porta di Borgogna, le passarono il suo stendardo attraverso una finestra.

Giovanna credeva che avrebbe affrontato l'esercito di Falstof e fu sorpresa nel constatare che quella di Saint-Loup fosse solo una schermaglia. I francesi all'attacco stavano vacillando ma al suo arrivo esultarono entusiasti e, come sarebbe stato per l'intera Guerra dei cent'anni, la sua comparsa cambiò le sorti della battaglia. Giovanna radunò un gruppo di soldati e guidò una carica che rinvigorì l'intero contingente francese. Gli inglesi subirono un attacco così feroce che furono costretti ad abbandonare il monastero e a camuffarsi con abiti religiosi pur di far salva la vita. Giovanna, credendo che fossero preti o monaci, fermò l'assalto.

Quella di Saint-Loup non fu solo una vittoria morale per i francesi: garantì loro anche il vantaggio strategico di avere accesso a una seconda porta attraverso cui rifornire i cittadini di Orléans, nonché una base da cui poter condurre ulteriori sortite. Saint-Loup fu anche il primo scontro armato di Giovanna. Prima di allora, la sua esperienza di guerra si limitava alle incursioni dei briganti che avevano saccheggiato Domrémy; non era quindi preparata allo spargimento di sangue di un campo di battaglia. Il suo confessore e il suo paggio riferirono che ne uscì sconvolta e che pianse per coloro che credeva fossero morti senza ricevere la confessione sacramentale. Ordinò alle truppe di confessare i propri peccati e ringraziare Dio per la vittoria.

Il giorno successivo era quello dell'Ascensione, un giorno santo in cui — stando a ciò che rimaneva del codice cavalleresco — era giusto astenersi dalla battaglia. Così, Giovanna si rifiutò di combattere: confessò i propri peccati e ricevette l'eucaristia, a cui lei era molto devota. Spedì anche tre lettere agli inglesi, ribadendo le sue richieste, ma i nemici non risposero e impedirono a due dei messi di far ritorno.

Venerdì 6 maggio, contro il volere del governatore della città, Raoul di Gaucourt, e dell'alto comando dell'esercito francese, Giovanna condusse in missione un gruppo di soldati. Attraversò la Loira e tentò un assalto alla bastia di Saint-Jean-le-Blanc, ma gli inglesi si rifugiarono nel monastero convertito in fortezza di Sant'Agostino, a sud di un ponte chiamato Tourelles. Gli ufficiali francesi volevano fermare l'avanzata per quel giorno, ma mentre i soldati facevano ritorno alle basi, gli inglesi sferrarono un attacco. Giovanna ed Étienne di Vignolles, detto "La Hire", marciarono contro i nemici assieme a un folto gruppo di soldati. I francesi ne uscirono così vittoriosi che gli inglesi abbandonarono il monastero di Sant'Agostino e si rifugiarono nella fortezza di Les Tourelles.

Soddisfatti per queste vittorie inaspettate, i membri dell'alto comando francese volevano consolidare il vantaggio e aspettare i rinforzi, ma Giovanna li incitò con insistenza alla battaglia. Rimediò una ferita da mazzafrusto al piede e predisse che il giorno seguente ne avrebbe subìta un'altra: fu infatti trafitta alla spalla da una freccia, mentre guidava l'assalto a Les Tourelles. Venne allontanata brevemente dalla battaglia per ricevere delle cure e le fu offerto un amuleto da premere sulla ferita, ma lei lo rifiutò dicendo che sarebbe morta prima di andare contro la volontà di Dio. Applicato del grasso sulla ferita, tornò nella mischia.

Col calare della sera, Jean di Orléans era pronto a ritirare le truppe ma Giovanna era convinta che la vittoria fosse vicina. Così, Jean lasciò che la battaglia continuasse mentre lei si recava in preghiera in un vigneto. Quando tornò brandendo il suo stendardo, quindici minuti dopo, i soldati esultarono e ripresero l'attacco con nuova foga. Fu suonata una tromba per segnalare la ritirata ma Giovanna la ignorò. I cittadini all'interno delle mura aiutarono i soldati francesi, riparando temporaneamente il ponte crollato con scale e assi e attaccando Les Tourelles da dietro. Gli inglesi, sospettando un atto di stregoneria da parte di Giovanna, si persero d'animo. Le difese crollarono e i soldati francesi sciamarono oltre le mura.

In precedenza, quel giorno, i francesi avevano portato sotto il ponte un barcone carico di legno e sostanze infiammabili. Mentre gli inglesi si ritiravano, il barcone fu fatto esplodere e il ponte crollò, uccidendo quattrocento soldati che annegarono sotto il peso dell'armatura. Tra essi c'era il comandante, William Glasdale, che Giovanna chiamava "Classidas". La giovane pianse per la morte di colui che aveva precedentemente minacciato e per le anime degli inglesi caduti. Les Tourelles, però, sotto occupazione inglese dal mese di ottobre, era finalmente libera. Il popolo di Orléans festeggiò e Giovanna vi fece ritorno assieme a Jean. Più tardi quella sera, ricevette nuove cure per la sua ferita.

Domenica 8 maggio, gli inglesi abbandonarono ciò che restava dei loro baluardi e si schierarono in formazione da battaglia, convinti che i francesi si sarebbero opposti a una ritirata totale. Giovanna brandiva lo stendardo in sella al suo stallone bianco mentre avanzava verso di loro a capo di un vasto contingente di soldati. In osservanza delle norme belliche cavalleresche, però, fece divieto di attaccare il nemico. Stando a testimonianze contemporanee, ciò provocò sgomento tra i soldati francesi, seccati e contrariati all'idea di dover obbedire a quell'ordine. Giovanna fece celebrare due messe sul campo. Le linee di battaglia erano vicine: diede ai suoi il permesso di difendersi se attaccati, ma gli inglesi rifiutarono lo scontro. Erano convinti che Giovanna fosse una strega e che li avesse sconfitti con l'aiuto del diavolo. Dopo un'ora, gli inglesi imboccarono una strada che si allontanava da Orléans, ritirandosi verso Jargeau.

Quel giorno non ci sarebbe stata un'altra Crécy, Poitiers, o Azincourt. Gli inglesi si ritirarono, sconfitti, sancendo la vittoria francese nella battaglia di Orléans. Col senno di poi, possiamo solo immaginare quale danno avrebbero subìto le aspirazioni al trono di Francia di Enrico VI se Giovanna avesse permesso ai suoi di attaccare i rivali irretiti e demoralizzati. Ma le regole della guerra erano in rapido cambiamento e, in futuro, Giovanna non avrebbe osservato simili gentilezze cavalleresche — negligenza che sarebbe stata usata contro di lei al processo per eresia.

Era trascorso l'equivalente di una novena da quando Giovanna la Pulzella si era unita all'esercito armagnacco, il 29 aprile. In quel breve lasso di tempo, l'assedio era stato sollevato e la campagna militare inglese che minacciava di estinguere la causa delfinista era stata ridimensionata. Quando i chierici l'avevano interrogata a Poitiers chiedendole un segno, Giovanna aveva risposto che sarebbe arrivato a Orléans.

Aveva mantenuto la sua promessa.

15

Missione e compito
La campagna della Loira

A Orléans, Giovanna aveva compiuto una parte importante della sua missione e la sua stella era in ascesa. Nell'esercito armagnacco il morale era alto e, pur avendo ignorato gli ordini, Giovanna si era guadagnata credibilità agli occhi dei capitani francesi, specialmente a quelli di Jean d'Orléans e del venticinquenne Giovanni II, duca di Alençon. Giovanna insistette che Carlo venisse subito portato a Reims: era lì che da più di mille anni si incoronavano i re di Francia e la gran parte dei francesi non avrebbe considerato legittima un'incoronazione avvenuta altrove. Era anche cruciale che l'erede legittimo venisse unto con l'olio santo che, secondo la leggenda, era stato usato nel 496 per battezzare Clodoveo, primo re dei Franchi, e poi i suoi successori.

La teoria prevalente all'epoca era che i re avessero il diritto divino di regnare, ma la benedizione di Dio si otteneva solo attraverso la legittima incoronazione e l'unzione sacramentale, che per i francesi significava usare l'olio dell'antica ampolla custodita a Reims. Era fondamentale che la città si sottomettesse a Carlo, e una sua incoronazione lì avrebbe spinto dalla sua parte una buona fetta di francesi; era anche possibile che persuadesse la Borgogna ad archiviare i vecchi rancori e rinnegare l'alleanza con gli inglesi.

Tuttavia, marciare in territorio nemico sarebbe stato pericoloso, e Reims non aveva ancora giurato fedeltà a Carlo. I francesi dovevano mettere al sicuro i baluardi lungo la Loira e spingere gli inglesi verso nord prima di poter celebrare l'incoronazione. Con un po' di fortuna, il presidio borgognone a guardia di Reims si sarebbe così ritirato e i cittadini avrebbero deciso di unirsi a Carlo senza bisogno di assedi o attacchi.

La famiglia reale partì finalmente da Orléans il 9 maggio, ma la campagna della Loira iniziò solo l'11 giugno. Poco dopo il 23 maggio, Giovanna fece visita ai duchi di Alençon. Il padre del duca, Giovanni I, era stato ucciso nella battaglia di Azincourt, nel 1415, ed Enrico V aveva assegnato il ducato al duca di Bedford. A Giovanni I era succeduto il figlio Pierre, morto nel 1425, il che aveva messo Giovanni II (1407–1476) nella posizione di ereditare il ducato, se gli inglesi fossero stati scacciati.

In quanto erede senza terre, Giovanni II era stato affidato dalla madre al delfino Carlo, per poi essere catturato dagli inglesi ad appena quindici anni nella battaglia di Verneuil, il 6 agosto 1424. Tenuto prigioniero dal duca di Clarence, il suo riscatto era stato finalmente pagato il 21 febbraio 1429, quando la moglie aveva venduto i propri gioielli e lui aveva acconsentito a cedere diversi feudi. La vittoria francese a Orléans, tuttavia, fu una benedizione per il duca, che recuperò i feudi ceduti e si reimpossessò del ducato di Alençon nel 1449.

Giovanni II aveva sentito parlare per la prima volta di Giovanna quando questa era giunta a Chinon per conoscere Carlo. Il duca aveva abbandonato un'escursione di caccia e si era precipitato a incontrarla. Giovanna era rimasta affascinata da Alençon e i due erano divenuti amici. Quando andò a far visita a lui e alla moglie, prima che iniziasse la campagna della Loira, Giovanna gli chiese di unirsi a lei negli sforzi per liberare la Francia dagli inglesi. La duchessa protestò, ma Giovanna le assicurò che glielo avrebbe riportato sano e salvo, ottenendo il suo consenso.

Carlo mise Alençon alla guida dell'esercito armagnacco durante la campagna della Loira e Giovanna gli fece da fidata consigliera. La prima città conquistata fu Jargeau, che i francesi attaccarono il 12 giugno. A un certo punto, durante il conflitto, Giovanna disse ad Alençon, che lei chiamava il "bel duca", di spostarsi per evitare un colpo di artiglieria che sarebbe giunto di lì a poco. Un uomo di nome du Lude prese il suo posto qualche istante dopo e fu colpito a morte. In seguito, mentre saliva una scala da assedio brandendo lo stendardo, Giovanna fu colpita da un masso che le spaccò l'elmo. Alla fine della battaglia, i caduti inglesi furono 1.100 e Jargeau si unì alla causa delfinista.

I francesi marciarono poi su Meung, ottenendo il controllo della sponda meridionale della Loira il 15 giugno. Beaugency fu assediata l'indomani e la guarnigione inglese fu costretta a ritirarsi nella fortezza centrale. Alençon apprese che Falstof e John Talbot, primo conte di Shrewsbury, marciavano verso Beaugency a capo dei rispettivi eserciti, così offrì alla guarnigione un salvacondotto a patto che gli venisse consegnata la fortezza. Gli inglesi accettarono e lasciarono la città prima che arrivassero i rinforzi.

Durante la campagna della Loira, Giovanna fu accostata da Arthur di Richemont, conestabile di Francia desideroso di riunirsi alla causa armagnacca. Nella fazione delfinista, molti dubitavano della sua lealtà poiché per un breve periodo si era schierato con gli inglesi, e Carlo e il suo consigliere, George de la Trémoïlle, ne respinsero l'offerta. Giovanna, tuttavia, fiutando l'opportunità di rafforzare le sue truppe, lo accolse, dimostrando ancora una volta di essere pronta a ignorare la volontà dei suoi superiori per il bene della sua causa. Possiamo solo immaginare l'opinione di Carlo e dei suoi consiglieri su quell'insubordinazione, chiedendoci se essa non influenzò il parere di questi ultimi quando Giovanna fu catturata dai Borgognoni, e quando forse poteva ancora essere salvata dietro riscatto. Ma se fosse andata così, non avremmo avuto la Giovanna che abbiamo oggi.

Durante l'assedio di Beaugency, Fastolf marciò col suo esercito per unire le forze con Talbot e salvare la guarnigione inglese, ma quando apprese della resa, capì che i francesi non potevano essere fermati e batté in ritirata verso Parigi. Ciò creò un'opportunità e Giovanna spinse Alençon ad attaccare. Ne seguì la battaglia di Patay, in cui i francesi raggiunsero gli inglesi in ritirata il 18 giugno e li sbaragliarono. La Hire giocò un ruolo cruciale, attaccando e annientando un sorpreso contingente nemico. Nella confusione, Falstof fuggì lasciando le sue truppe allo sbaraglio. Talbot rimase a combattere, ma cadde prigioniero. Stando a un resoconto borgognone, gli inglesi persero circa duemila uomini, una fetta considerevole del loro esercito continentale. I caduti francesi, miracolosamente, furono solo tre.

Giovanna arrivò tardi sul campo di battaglia e non prese parte al massacro. Assistette agli strascichi della vittoria quando La Hire e i francesi uccisero brutalmente molti dei nemici arresisi, lasciando in vita solo duecento nobili facoltosi per chiederne il riscatto. Quando vide un soldato francese ferire mortalmente un inglese sulla testa, scese da cavallo e cullò il rivale tra le sue braccia, accogliendone l'ultima confessione. Qualsiasi cosa pensasse dei suoi nemici prima della battaglia e malgrado la sua spavalderia, posando gli occhi sui rivali sconfitti, Giovanna pianse copiosamente per le loro anime in più di un'occasione, mostrando genuina preoccupazione per la loro salvezza.

La campagna della Loira fu breve e decisiva. Oltre a riconquistare le basi strategiche sul fiume, i francesi avevano seriamente indebolito le forze avversarie, che mancavano degli uomini necessari a difendere il nord della Francia. Ciò spianò la strada per la marcia su Reims e l'incoronazione di Carlo. Quegli ultimi sviluppi dovettero anche instillare qualche dubbio nei Borgognoni. Se stava per salire al trono un legittimo re francese e se gli inglesi non avevano più le risorse per sconfiggere gli Armagnacchi, allora forse si poteva giungere a un accordo ragionevole con Carlo e mettere fine alla guerra civile.

16

Missione e compito
La marcia su Reims e l'incoronazione di un re

La notizia della recente sfilza di vittorie francesi si diffuse in tutta Europa. Giovanna divenne all'improvviso famosa e le fu attribuito grande merito nel rovesciamento delle sorti del paese. La storia di quanto accaduto cambiava di bocca in bocca, magnificandone oltremodo il ruolo. Giovanna sarebbe morta a diciannove anni, ma era già diventata una leggenda vivente.

Dopo i fatti di sangue di Patay, Jean d'Orléans si recò dal delfino con Giovanna. Carlo era di buon umore e il dibattito sul da farsi tra lui e i suoi consiglieri verté su due opzioni. La prima era marciare sulla Normandia e riconquistare le terre perdute per poi, se ritenuto propizio, muovere verso Parigi. La maggior parte dei capitani e dei consiglieri reali caldeggiava quest'opzione. La seconda, appoggiata da Giovanna, era di marciare su Reims senza altri indugi e far incoronare Carlo. Secondo lei, una volta ricevuto il sacro diritto al trono, il delfino sarebbe stato accettato dal popolo come legittimo sovrano.

Sottomettere la Normandia era chiaramente l'alternativa strategica più saggia, ma gli stessi consiglieri reali riconoscevano i vantaggi politici che una vittoriosa marcia su Reims avrebbe assicurato. Giovanna insistette che erano le sue voci a guidarla ma si scontrò con la determinata opposizione dei consiglieri reali. Fece ricorso alla preghiera e la sua fiducia fu presto rinnovata. Carlo esitò, ma alla fine cedette all'insistenza della Pulzella.

Il 29 giugno, l'esercito francese marciò su Reims da Gien, con Giovanna al fianco di Carlo. Furono inviate lettere a una serie di città e villaggi lungo il tragitto per annunciare l'arrivo del delfino, promettere grazie e incoraggiare alla lealtà. Altre missive raggiunsero il duca di Borgogna per incitarlo alla riconciliazione. Gli inglesi non si opposero all'avanzata e, dopo brevi negoziazioni, i centri abitati lungo il percorso giurarono fedeltà a Carlo fornendo sostentamento al suo esercito. A Troyes, dove nel 1420 era stato firmato il trattato che disseredava Carlo dal diritto al trono, era ancora di stanza una guarnigione di soldati inglesi e borgognoni che rifiutò la resa. Giovanna, allora, ordinò che il fossato della cittadina fosse riempito di legna e fece piazzare un cannone a distanza di tiro dalle mura di cinta. La guarnigione si arrese poco dopo e Carlo entrò a Troyes domenica 10 luglio.

Con l'esercito nei pressi di Reims, il 16 luglio una delegazione cittadina andò in contro a Carlo per offrirgli completa obbedienza. La guarnigione borgognona fuggì. Pierre Cauchon, vescovo di Beauvais ed ex rettore dell'università di Parigi, ancora fedele alla causa anglo-borgognona, lasciò anch'egli la città: nel maggio 1420 aveva aiutato a negoziare il trattato di Troyes per diseredare Carlo e in futuro avrebbe presieduto il processo contro Giovanna. Quello stesso giorno, Carlo entrò trionfante a Reims con la Pulzella al suo fianco.

La cerimonia di consacrazione si tenne l'indomani, domenica 17 luglio, sull'altare della cattedrale di Reims. Quattro cavalieri, accompagnati da numerosi alti funzionari ecclesiastici, portarono la santa ampolla in processione dall'abbazia di Saint-Rémi alla cattedrale. Come da tradizione, il re prestò giuramento di fedeltà e si prostrò davanti all'arcivescovo mentre veniva intonato il *Te Deum* e altre litanie. Il culmine della cerimonia fu l'unzione sacramentale per mano dell'arcivescovo, che mischiò una goccia d'olio della santa ampolla con il sacro Crisma. Al re furono poi conferiti l'anello, lo scettro, gli speroni, gli indumenti regali e infine, calzata sulla testa, la corona. L'arcivescovo e i nobili più influenti gli porsero poi omaggio. Giovanna, con addosso l'armatura e in mano lo stendardo, si inginocchiò al suo cospetto, gli cinse le gambe e lo acclamò come vero re per volere di Dio. Carlo non era più il delfino: era Carlo VII, re di Francia.

Dopo la cerimonia, Giovanna dettò una lettera al duca di Borgogna, incitandolo a riappacificarsi col nuovo sovrano di Francia. Parlò per conto del "Re dei Cieli", insistendo con Filippo per un perdono reciproco e una riconciliazione con Carlo. Lo implorò di ritirare le sue truppe dalla Francia settentrionale, affermando che un rifiuto sarebbe stato un atto di guerra contro il Re dei Cieli e contro il legittimo re di Francia. La conseguenza, disse, sarebbe stata il massacro dei suoi soldati e di chiunque avesse mosso "guerra contro di noi". Giovanna, tuttavia, non consultò né Carlo né i suoi consiglieri prima di inviare la missiva, e non era a conoscenza delle discussioni in atto tra Armagnacchi e Borgognoni. Il duca di Borgogna, infatti, stava trattando in malafede con Carlo e i suoi consiglieri, e il nuovo re acconsentì ingenuamente a una tregua di quindici giorni.

17

I venti del cambiamento
La vera vocazione di Giovanna

Dal momento in cui Giovanna mise piede sul sentiero che l'avrebbe allontanata per sempre da Domrémy, la traiettoria della sua vita si impennò precipitosamente fino a portarla ai vertici della società francese[15]. Ci erano voluti cinque mesi per incoronare Carlo VII, e altrettanti dopo la sua incoronazione, nel dicembre 1429, questi avrebbe innalzato lei e la sua famiglia al rango di nobili. Giovanna era ormai famosa in tutta Europa e aveva lasciato un segno indelebile sulla storia, ma la fama e il successo non le importavano granché. Ciò che la motivava più di ogni altra cosa erano la sua missione e la necessità di compiere il volere di Dio come manifestato dalle sue voci.

Dopo l'incoronazione di Carlo, Giovanna si confidò con Jean d'Orléans, indecisa se tornare a Domrémy e riprendere la vita contadina. Le ragioni che spiegano perché stesse prendendo in

---

[15] Eccetto che per il rifiuto di Baudricourt alla sua prima richiesta nel maggio 1428 e a partire dal consenso di quest'ultimo, al secondo incontro con Giovanna, a mandarla a Chinon con una scorta armata.

considerazione questa possibilità sono tre. Primo, era insoddisfatta della politica del re e del suo entourage nei confronti dei Borgognoni e aveva compreso che la sua indole aguerrita era incompatibile con la predilezione dei consiglieri reali per la diplomazia. Secondo, era probabile che le mancasse casa (non insolito per una ragazza della sua età, sesso ed esperienza di vita). Terzo, è possibile che considerasse conclusa la sua missione, o almeno le parti di essa che era in suo potere portare a termine. Il suo improvviso e inaspettato arrivo aveva dato nuova speranza allo scoraggiato esercito reale: Giovanna aveva ricoperto un ruolo indispensabile nella vittoria di Orléans e nella campagna della Loira, e il delfino di cui aveva cercato l'incoronazione era ormai re. E anche se la terza e la quarta previsione fatte a Poitiers non si erano ancora avverate, l'impressionante rapidità con cui Giovanna aveva completato il grosso della sua missione aveva lasciato poco dubbio ai suoi nemici riguardo all'origine divina delle sue voci.

Eppure, la giovane non tornò a casa, malgrado sia ragionevole presumere che il re le avrebbe accordato tale favore, se richiesto. E allora perché rimase? Qual era davvero la missione affidatale dalle voci? Le predizioni fatte a Poitiers ne facevano parte? Era sicura di ciò che Dio le stava chiedendo?

Nel suo primo incontro col delfino a Chinon, Giovanna gli aveva esposto quello che in effetti era un riepilogo della sua missione. Gli aveva detto che le era concesso solo un anno e che era lì per:

1. Cacciare gli inglesi

2. Portarlo a Reims per farlo incoronare

3. Liberare Carlo, duca di Orléans, dalla prigionia in Inghilterra

4. Mettere fine all'assedio di Orléans

Le predizioni fatte ai chierici a Poitiers coincidevano con le suddette, ma non esattamente. Giovanna aveva predetto loro che:

A. Gli inglesi sarebbero stati cacciati e l'assedio di Orléans sarebbe stato sollevato (1,4 di cui sopra)

B. Carlo VII sarebbe stato incoronato a Reims (2)

C. Parigi sarebbe tornata fedele a Carlo

D. Carlo, duca d'Orléans, sarebbe stato liberato e avrebbe fatto ritorno in Francia (3)

"Cacciare gli inglesi" (1, A) è l'unica voce ambigua dei due elenchi. Potrebbe significare "sollevare l'assedio di Orléans e cacciarli dal territorio armagnacco". In tal caso, Giovanna aveva completato questa parte della missione alla fine della campagna della Loira, che, a posteriori, si può definire per gli inglesi l'inizio della fine della Guerra dei cent'anni, dato che non vennero soltanto cacciati dalla roccaforte di Carlo, ma ne uscirono anche incapaci di difendere i propri territori nel nord della Francia.

"Cacciare gli inglesi" potrebbe anche significare "espellerli completamente dalla Francia". [16] Anche quest'interpretazione è

---

[16] Un processo lungo che non si completò prima del 1453.

plausibile in relazione a Giovanna e alla sua missione, ma lei sapeva di avere solo un anno davanti a sé e, presumendo che Dio non chieda l'impossibile, espellere ogni inglese dalla Francia nel giro di un anno con un re prudente e un consiglio reale esitante sarebbe stato un obiettivo altamente improbabile da raggiungere per Giovanna. Date le circostanze, è inverosimile che ciò fosse parte della missione divina affidatale, o perlomeno della sua missione terrena.[17] Forse Giovanna intrattenne l'idea di tornare a Domrémy perché riconosceva l'improbabilità di compiere una tale opera e si chiedeva se Dio fosse soddisfatto della sua obbedienza fino a quel punto.

Per quanto riguarda la fedeltà di Parigi a Carlo (C), nell'incontro di Chinon, Giovanna non disse al delfino che era stata inviata ad assicurargliela; quella predizione l'avrebbe fatta a Poitiers. È improbabile che la considerasse parte della sua missione, poiché sapeva di avere solo un anno di tempo, e predisse che Parigi sarebbe tornata a Carlo nel giro di sette anni.[18] Forse, in un secondo momento, Giovanna combinò le predizioni di Poitiers con la missione assegnatale dalle voci, includendovi la liberazione di Parigi.[19] O forse non considerava il recupero della città come parte integrante della sua missione, ma lo riteneva

---

[17] È possibile che la sua missione dovesse continuare nell'eternità e che in questo senso avrebbe avuto un ruolo nell'esito finale.

[18] Parigi giurò fedeltà a Carlo nel 1436 e lui entrò in città nel 1437, facendo avverare la profezia dei sette anni di Giovanna.

[19] L'attacco del settembre 1429, a cui Giovanna partecipò, fallì.

perlomeno coerente con essa, anche se non richiesto esplicitamente dalle voci.

Infine, riguardo alla liberazione del duca d'Orléans (3), a Chinon, Giovanna annunciò di essere stata inviata (missione) a liberare il duca dalla prigionia ma, dopo l'incoronazione a Reims, è improbabile che credesse di avere il potere necessario a riuscirci, dato anche il temperamento del re e del consiglio reale.[20] Probabilmente riteneva impossibile cacciare dalla Francia ogni inglese e liberare il duca d'Orléans, e dato che Dio non chiede l'impossibile, rendersene conto generò forse in lei il desiderio di far ritorno a Domrémy.

~

Gli storici concordano nell'affermare che i più grandi capitani di guerra della storia sono:

1. Alessandro Magno di Macedonia

2. Giulio Cesare di Roma

3. Annibale di Cartagine

4. Genghis Khan della Mongolia

5. Gustavo Adolfo di Svezia

6. Federico il Grande di Prussia

7. Napoleone Bonaparte di Francia

---

[20] Carlo d'Orléans fu finalmente liberato nel novembre 1440, dopo venticinque anni di prigionia e nove anni dopo la morte di Giovanna, ma solo con l'aiuto di Filippo, duca di Borgogna, con cui Giovanna era in guerra.

Se fosse tornata a Domrémy dopo l'incoronazione di Carlo a Reims, o se fosse rimasta con l'esercito e avesse assunto un ruolo più passivo rimettendosi al volere dei consiglieri reali che raccomandavano costantemente prudenza e diplomazia, Giovanna non sarebbe di certo entrata a far parte di quest'elenco, ma sarebbe stata ricordata come un capitano di guerra inaspettatamente vincente, pur non essendo al comando dell'esercito francese. Se così fosse stato, non avremmo la Giovanna che abbiamo oggi e forse neppure le trascrizioni dei suoi processi, che ci hanno fornito più informazioni su di lei che su ogni altra donna della storia, almeno fino alla regina Elisabetta I d'Inghilterra e di Maria, regina di Scozia.

Ma la storia avrebbe potuto prendere ancora un'altra piega: se le circostanze fossero state diverse e se Giovanna avesse trasformato in realtà tutte le predizioni fatte a Chinon, inclusa l'espulsione degli inglesi dalla Francia, e tutte le predizioni di Poitiers, allora gli storici l'avrebbero forse annoverata tra i grandi capitani di guerra della storia. Eppure, oltre alle speculazioni degli storici e alle complessità aggiunte dall'epoca, rimane un'ultima possibilità, e cioè che, con un aiuto divino, Giovanna abbia completato la sua missione e fatto avverare le sue predizioni dopo la morte, come santa in paradiso. Dio non chiede l'impossibile, ma ogni cosa è possibile con Dio (Matteo 19, 26).

~

Per quanto Giovanna abbia accarezzato l'idea di tornare a Domrémy e alla vita rurale della sua gioventù — che sui campi di battaglia francesi e tra gli eventi geopolitici di quei giorni le stava sfuggendo —, la verità è che la strada verso casa le era preclusa per sempre, cosa di cui forse lei stessa si rese conto. Se vi fosse tornata, è plausibile pensare che i Borgognoni o gli inglesi le avrebbero dato la caccia o che qualche intraprendente cacciatore di taglie avrebbe cercato profitto consegnandola ai suoi nemici.

Forse, dopo Reims, Giovanna si rese conto che i venti del cambiamento stavano soffiando. Le voci le avevano detto che avrebbe avuto solo un anno, "forse un po' di più". Se sapeva che la sua missione si sarebbe conclusa col sacrificio più estremo, non lo disse mai. A giudicare dal suo comportamento al processo, e soprattutto dalla sua speranza di essere salvata da Dio — nonché dal terrore mostrato davanti all'accusa di eresia —, sembra che neanche lei presumesse che la sua missione si sarebbe conclusa con la morte.

I venti del cambiamento stavano davvero soffiando nella vita di Giovanna, anche se lei stessa non sapeva dove l'avrebbero condotta. Gli incredibili successi dei primi cinque mesi lasciarono il passo a risultati militari altalenanti dopo Reims. Giovanna non sarebbe stata un nuovo Cesare sui campi di battaglia francesi, né un Napoleone giunto a difendere il suo onore. Lei era una combattente, non un soldato tenuto prima di tutto a obbedire. Dimostrò di non avere il cauto discernimento di un ufficiale militare addestrato. Se fosse stata educata alle arti marziali dei suoi giorni o avesse frequentato un'accademia militare — cose che in futuro sarebbero diventate la norma in Europa —, forse quelle qualità le sarebbero state infuse. Ma l'opportunità di fare dell'esercito una carriera le era preclusa, né tantomeno lo richiedeva la sua missione o lo permettevano il suo sesso e il rango sociale di contadina.

Giovanna non è ricordata come grande capitano di guerra ma come combattente, come prodigio e fenomeno. Il suo successo non dipese da strategie militari preveggenti, ma dal coraggio, dalla forza d'animo, dalla caparbia determinazione, dalla salda convinzione di aver ricevuto una missione d'ispirazione divina e da un inesorabile dinamismo, in netto contrasto con un re incerto e diffidente. La sua inclinazione era sempre quella di avanzare, di attaccare, perché sapeva di avere solo un anno. Alla fine, diede la vita per i due re di cui fu al servizio, difendendo l'onore di uno al sermone tenuto prima di essere giustiziata, e invocando l'altro mentre le fiamme la consumavano: tutto senza mai perdere fiducia nelle sue voci e nel Dio che l'aveva condotta su quel rogo.

Giovanna non è ricordata come grande capitano di guerra ma come vergine, eroina, martire e santa — che di fatto era la sua vera vocazione. Gli storici e i moralisti possono setacciarne la storia in cerca di difetti ed errori, ma nessun eroe è impeccabile, tranne Gesù di Nazareth, e nessun santo è perfetto, tranne Maria di Nazareth. Non tutti gli eroi sono santi e non tutti i santi sono eroi. Malgrado i difetti dettati dal suo temperamento e dalla gioventù, Giovanna era entrambe le cose.

18

Punto di svolta
La sconfitta di Parigi

Dopo la sconfitta di Orléans e il disastro di Patay, il duca di Bedford era impegnato a raggruppare le sue forze. Un'unità messa insieme dallo zio, il cardinale Henry Beaufort, vescovo di Winchester, con gli ordini di marciare in Boemia sotto autorizzazione papale per combattere gli hussiti, fu dirottata verso la Francia per compensare le perdite subìte. L'unità arrivò a Calais il 15 luglio e fu immediatamente inviata a Parigi per rafforzare il presidio borgognone.

Mentre negoziavano con gli inglesi per riaffermare l'alleanza e costituire un nuovo esercito, i Borgognoni trattavano in malafede con gli Armagnacchi, promettendo di cedere Parigi in attesa di un accordo di pace permanente. A capo delle negoziazioni per i francesi c'era Georges de La Trémoïlle che, insieme alla suocera di Carlo, Iolanda d'Aragona, era uno dei consiglieri di punta del re, nonché uno dei suoi più prominenti finanzieri. La Trémoïlle era tra quelli che raccomandavano pazienza e diplomazia invece di un conflitto armato economicamente rovinoso a cui Giovanna esortava con insistenza. Le negoziazioni tra Borgognoni e Armagnacchi portarono a una tregua di quindici giorni apparentemente fruttuosa.

Dopo Reims, Carlo avrebbe potuto approfittarne dato che la recente sfilza di vittorie francesi aveva messo alle strette l'alleanza anglo-borgognona. Dalla sua, avrebbe avuto la miracolosa capacità di Giovanna di galvanizzare l'esercito col benestare divino di cui sembrava godere. Aveva inoltre una serie di ufficiali fidati (per es. Jean d'Orléans, La Hire, il duca di Alençon) e il suo esercito (che non poteva permettersi di pagare) era aumentato sia nei numeri che nell'entusiasmo. Se avesse avuto l'indole di un uomo come Enrico V, la scelta sarebbe stata automatica e la guerra sarebbe forse finita prima. Ciononostante, il conflitto terminò con la vittoria finale francese, e con Carlo ancora sul trono.

Ma c'erano altri fattori in gioco. È possibile che Carlo si sentisse in colpa per l'omicidio di Giovanni Senza Paura nel settembre 1419, e i notevoli limiti finanziari giocarono di certo un ruolo nella sua decisione. Forse fu con questi pensieri in mente che cercò il consiglio di La Trémoïlle e optò per la diplomazia. La tregua di quindici giorni fu però soltanto un miraggio, e la pace tra Armagnacchi e Borgognoni sarebbe arrivata solo col trattato di Arras, nel 1435.

Da questo momento in poi, Carlo e Giovanna si trovarono su due cammini divergenti. Quello di Carlo portava alla pace diplomatica con la Borgogna, quello di Giovanna a uno scontro militare decisivo per ottenere una vittoria immediata: due cammini impossibili da riconciliare.

Giovanna non era sola nelle sue convinzioni: anche Alençon credeva che Parigi andasse attaccata il prima possibile. Entrambi rimasero all'oscuro delle negoziazioni fino a quando non fu firmata la tregua. Venutane a conoscenza, Giovanna si sentì demoralizzata. Il 10 agosto, confidò a Jean d'Orléans che, se Dio avesse voluto, avrebbe preferito tornare a Domrémy e assistere i genitori nelle faccende domestiche e contadine.

Carlo vagò per le campagne francesi spostandosi verso Parigi, ma accantonò l'idea di attaccare la città una volta firmata la tregua. I centri abitati sul suo tragitto, si sottomisero prontamente al nuovo re. Il 4 agosto, Bedford guidò un esercito sulla sponda sinistra della Senna e il 15 agosto si verificò qualche schermaglia tra inglesi e francesi. I primi, intuendo che gli altri non si sarebbero lanciati in uno scontro decisivo, si ritirarono verso Parigi il giorno successivo.

Gli Armagnacchi continuarono a negoziare con Filippo per la sua neutralità, ma non si finalizzò alcun accordo. Il 28 agosto, entrambe le parti accettarono una tregua di quattro mesi che sarebbe terminata il 1° gennaio 1430. Come da accordi, Carlo acconsentì a restituire a Filippo le città che l'avevano riconosciuto come sovrano. Trentasei giorni dopo aver lasciato Reims, Carlo completò il viaggio di 160 chilometri fino a Parigi. I rinforzi inglesi erano già arrivati, rimpolpando notevolmente le difese della città. Bedford nominò Filippo governatore e il duca di Borgogna, che aveva sfruttato la tregua per temporeggiare, si rimangiò la parola data.

Resosi conto dell'inganno borgognone, un riluttante Carlo acconsentì ad attaccare Parigi l'8 settembre — quattro mesi dopo la vittoria di Orléans —, ma con probabilità di successo notevolmente più basse. Le formidabili mura cittadine erano presidiate dagli arcieri inglesi e borgognoni. Giovanna guidò il fronte d'assalto, esortando i francesi e intimando ai rivali di arrendersi al re. Verso la fine della giornata, fu ferita alla coscia da una freccia per balestra e dovette abbandonare il campo.

L'attacco fallì e Carlo annullò le operazioni il mattino seguente, ordinando all'esercito di tornare a Saint-Denis. Giovanna e Alençon volevano proseguire, ma Carlo gli ordinò di desistere il 10 settembre e dispose la distruzione di un ponte sulla Senna per rendere impossibile un altro attacco.[21] Il 12 settembre, avendo subìto tra le mille e le duemila perdite, Carlo ammise la sconfitta e guidò il suo esercito a sud, verso la Loira.

Durante la sua missione pubblica, Giovanna ripeté più volte di temere solo il tradimento e la slealtà. Il 31 luglio 1429, su sua richiesta e come riconoscimento per il contributo dato alla corona e al regno, Carlo concesse l'immunità fiscale ai cittadini di Domrémy e Greux. Il 23 maggio 1430, quasi dieci mesi dopo tale concessione, Giovanna fu catturata dai Borgognoni fuori dalle

---

[21] Il ponte era stato in precedenza costruito da Alençon.

mura di Compiègne e poi venduta agli inglesi. Non abbiamo prove che Carlo fece qualcosa per ottenerne il rilascio.

19

Le sabbie del tempo
Dalla vita a corte alla cattura

Carlo non poteva permettersi di mantenere un esercito abbastanza grande da conquistare Parigi. I soldati che non se ne andarono di propria volontà entro settembre, affamati e senza paga, furono congedati a ottobre. Le città che avevano promesso fedeltà a Carlo durante la sua marcia nella Francia settentrionale rimasero senza protezione dopo il ritiro delle truppe e furono riassorbite dagli inglesi e dai Borgognoni, con altri rinforzi in arrivo da oltremanica.

Con la ferita che richiedeva tempo per guarire, Giovanna fu mandata a Bourges per tre settimane sotto la protezione del sire di Albret. I suoi ospiti ne avrebbero poi testimoniato la devozione, l'umiltà e la castità. Forse Giovanna considerò nuovamente la possibilità di tornare a Domrémy, quando capì che Carlo era poco intenzionato a combattere, e probabilmente avrebbe potuto tornarvi col riconoscente benestare del re. L'amicizia con Alençon era maturata e la loro reciproca collaborazione si opponeva alla politica di paziente negoziazione di Carlo. Aldilà di cosa pensasse, Giovanna scelse di rimanere a corte.

Per i re e le regine medievali era vantaggioso, e addirittura necessario, avere diversi castelli e alloggi dove ospitare le corti. Pulizia e igiene erano preoccupazioni costanti con tante persone rinchiuse in un solo posto e col continuo flusso di ospiti necessario a far funzionare un governo reale. Era inevitabile che i rifiuti si accumulassero e che l'odore diventasse così sgradevole, se non insopportabile, da rendere un cambio di sede necessario per preservare la dignità reale. Quando la corte passava alla destinazione successiva nel suo circuito di alloggi, un gruppo di servi reali interveniva a pulire il castello o la fortezza lasciata vacante, preparandola per il ritorno del monarca.

Nel Medioevo, era raro che qualcuno della classe contadina avesse accesso alla corte reale. Carlo e i suoi consiglieri, ad esempio, avevano discusso per diversi giorni prima di concedere udienza a Giovanna, malgrado fossero in grosse difficoltà con la spinta insistente di inglesi e Borgognoni, e malgrado Giovanna avesse accumulato una certa fama locale come la Pulzella che avrebbe salvato la Francia. Era ancora più raro che un contadino vivesse e viaggiasse con la corte reale. Chiunque sarebbe stato euforico nell'ottenere i successi raggiunti da Giovanna, nonché lo status di leggenda vivente, eppure neanche l'atto di nobilitazione del dicembre 1429 sembrò soddisfarla. Niente l'avrebbe resa paga finché non avesse completato la missione affidatale dalle voci.

Giovanna non era affatto contenta della vita di corte, forse soprattutto per la sfarzosità che caratterizzava quella di Carlo. Il suo unico scopo era sconfiggere inglesi e Borgognoni o indurli alla resa, ma il re, su suggerimento dei consiglieri, le vietò di riunirsi ad Alençon per paura che avviasse con lui una campagna militare, rovinando gli sforzi diplomatici intavolati col duca di Borgogna. Ciò probabilmente la irritò: al processo, infatti, ammise che lei e molti degli abitanti di Domrémy detestavano i Borgognoni ancora più degli inglesi, sicuramente perché erano stati perlopiù i primi a razziare il suo villaggio.

Giovanna era preziosa per Carlo e gli era stata di notevole aiuto, ma i due erano una squadra mal assortita. Uno era cresciuto in una corte reale, l'altra in un villaggio di contadini. Carlo possedeva una sensibilità raffinata e indulgeva nei piaceri della vita di corte. Giovanna era frugale e condizionata dai modi crudi e dalla vita rurale della classe contadina. Carlo era cauto, sospettoso, amministratore per natura, non un grande comandante militare: preferiva la diplomazia alla guerra. Giovanna era coraggiosa, risoluta, leale, decisa, una guerriera e un leader naturale sul campo di battaglia, malgrado non fosse addestrata al combattimento. Quando nel 1430 venne catturata, Carlo fece la cosa più semplice di tutte: niente. Lei ripagò la sua slealtà difendendolo dinanzi ai nemici in comune, dichiarandolo un buon cristiano. In educazione, classe, temperamento e condotta personale, Carlo e Giovanna erano mal assortiti sin dall'inizio.

Giovanna non era in sintonia neppure con i consiglieri reali ed era chiaro che avesse bisogno di tenersi occupata, di mettere i suoi talenti all'opera. Perrinet Gressart era un capitano predone francese al soldo della fazione anglo-borgognona. Sempre più potente e ricco, occupava una serie di presidi nel cuore della Francia per conto degli inglesi, che lo pagavano bene. Inviare Giovanna e un gruppo di soldati ad attaccare le sue fortificazioni era poco rischioso, perché non avrebbe interferito con gli sforzi diplomatici con Filippo. Così, a Giovanna fu assegnato il compito di distruggere la base di potere di Gressart. Non era la missione ricevuta dalle voci, ma lei accettò l'incarico, forse per mostrarsi fedele al re e per fare giustizia contro una banda di predoni.

Il sorprendente successo di cui aveva goduto fino all'incoronazione di Reims non si ripeté in quella campagna. A inizio novembre, Giovanna riuscì a conquistare con pochi uomini Saint-Pierre-le-Moûtier in un attacco diretto, ma quando a metà mese l'esercito reale assediò La Charité, dove risiedeva Gressart, il clima invernale, gli scarsi rifornimenti e la mancanza di supporto da parte di Carlo e dei consiglieri costrinsero Giovanna a sollevare l'assedio nel giro di un mese. Oltre a causarle un grande dispiacere, la disfatta intaccò anche la sua reputazione a corte e tra i soldati. Tornata da Carlo, questi conferì a lei e alla sua famiglia il titolo nobiliare.

Il nuovo anno, il 1430, mise fine alla tregua di quattro mesi firmata il 28 agosto tra Carlo e Filippo. L'*esprit de corps* infuso nell'esercito reale dall'arrivo e dalle vittorie di Giovanna era svanito in seguito all'impopolare tregua, a cui non seguì una pace duratura. Nel marzo 1430, Carlo riconobbe finalmente l'inganno di Filippo.

Come se non bastasse, gli inglesi stavano inviando in Normandia scorte e rifornimenti, e Filippo si preparava a prendere con la forza le città promessegli da Carlo che ancora non si erano sottomesse. Sia Reims che Compiègne furono minacciate. A metà aprile, Giovanna apprese dalle voci che sarebbe stata catturata prima della festa di san Giovanni Battista, il 24 giugno.

Inglesi e Borgognoni avviarono una nuova offensiva che colse di sorpresa la fazione armagnacca. Il re era ancora in trattativa con Filippo e, senza informarlo, Giovanna e un gruppo di volontari si misero in viaggio alla fine di marzo. A Lagny, le fu dato in braccio un bambino morto che tornò a respirare mentre lei lo cullava. Il piccolo fu prontamente battezzato e morì poco dopo, ma a Giovanna fu pubblicamente riconosciuto il compimento di un miracolo. Riuscì anche a catturare Franquet d'Arras, un mercenario leale agli anglo-borgognoni. Provò a scambiarlo con un compagno d'armi caduto prigioniero, Jacquet Guillaume, ma quando apprese che questi era stato giustiziato, lasciò Franquet nelle mani delle autorità locali, che lo processarono e giustiziarono come criminale. In seguito, Giovanna e il suo esercito furono respinti a Soissons, schieratasi con la Borgogna, e gran parte dei soldati fu congedata per mancanza di provviste.

Con le truppe rimaste, Giovanna marciò verso Compiègne per scongiurarne la caduta in mani borgognone. Il 23 maggio, Giovanna e i suoi uomini compirono una sortita all'esterno della città per attaccare un piccolo avamposto nemico a Margny. Dopo qualche successo iniziale, l'attacco fu respinto e molti dei suoi batterono in ritirata. Giovanna provò a radunarli ma rimase indietro e i cancelli della città furono chiusi prima che lei rientrasse. Circondata da truppe avversarie, tirata giù da cavallo da un arciere inglese e senz'altra scelta se non la resa, Giovanna si consegnò a Lionel di Wandomme. Il suo scudiero, Jean d'Aulon, e il fratello, Pierre, caddero anch'essi prigionieri. Giovanna fu subito portata a Margny e messa sotto sorveglianza. Secondo una testimonianza contemporanea, inglesi e Borgognoni non avrebbero potuto gioire di più neanche se avessero catturato cinquecento soldati armagnacchi. Filippo, attratto da questa grossa novità, andò subito a incontrarla.

Della loro conversazione non ci sono testimonianze.

20

Esperienza nel deserto
Prigionia

Lionel di Wandomme era al servizio di Giovanni di Lussemburgo, signore di Beaurevoir, a cui consegnò Giovanna poco dopo la cattura. Lussemburgo era pro-Borgogna e al soldo degli inglesi. Nelle negoziazioni tenutesi con i consiglieri di Carlo VII, era stato il rappresentante di punta del duca di Borgogna e aveva spalleggiato la malafede di Filippo. Era anche un esperto ufficiale militare che, in numerose occasioni, aveva depredato le terre fedeli a Carlo. Quando gli fu consegnata Giovanna, sollevò l'assedio della ben difesa e ben rifornita Compiègne e portò la prigioniera nel suo castello di Beaulieu.

Giovanna era un inestimabile bottino di guerra fortemente bramato dagli inglesi. Questi la credevano una strega, credevano li avesse irretiti in battaglia con i suoi poteri magici, ma la temevano anche per ragioni politiche, dato che Giovanna era diventata un simbolo del nazionalismo francese in grado di galvanizzare il sentimento pubblico a favore di Carlo. Giovanni di Lussemburgo, tuttavia, non era inglese e non era dunque costretto a consegnargliela. Secondo le usanze, aveva il diritto di scambiarla per uno o più prigionieri, di venderla dietro riscatto al miglior offerente o di trattenerla in custodia.

Giovanna cercò di scappare da Beaulieu e venne trasferita a Beaurevoir, dove fu trattata con compassione dall'anziana zia di Giovanni, Giovanna di Lussemburgo, e dalla consorte, Giovanna di Béthune. Al processo, la Pulzella testimoniò che Giovanna di Lussemburgo aveva chiesto al nipote di non consegnarla agli inglesi, ma l'anziana matrona era poi morta a settembre ad Avignone. Ad ogni modo, Giovanni di Lussemburgo era legato a Filippo di Borgogna da un patto di fedeltà, e non era quindi libero di fare di Giovanna ciò che desiderava o ciò che desideravano le donne di famiglia.

Nei mesi in cui Giovanna fu sotto la custodia di Lussemburgo, gli inglesi fecero pressioni sui Borgognoni per acquistarla ed evitare che la restituissero agli Armagnacchi dietro riscatto. L'università di Parigi, fermamente schierata con la fazione anglo-borgognona, inviò una lettera a fine maggio in cui chiedeva che Giovanna venisse consegnata alla Chiesa per affrontare un processo ecclesiastico. Pierre Cauchon ricoprì un ruolo attivo nelle pressioni sui Borgognoni e si recò in prigione da Giovanna due volte. Ex rettore dell'università di Parigi e attuale vescovo di Beauvais, Cauchon era anche stato vescovo di Reims, prima di fuggire e perdere il titolo quando la città aveva giurato fedeltà a Carlo per la sua incoronazione. Cauchon aveva una reputazione di uomo intelligente ma severo, e voleva portare Giovanna a processo, oltre che a presiederlo.

Non ci sono pervenute testimonianze di un'offerta di Carlo o degli Armagnacchi per il riscatto di Giovanna, eppure ci vollero mesi per finalizzarne la vendita agli inglesi. È lecito chiedersi perché Lussemburgo e i Borgognoni esitarono. Forse ci volle tempo per negoziare il prezzo finale o racimolare i fondi, o forse ci si aspettava che Carlo avrebbe prima o poi fatto un'offerta più alta degli inglesi. Tuttavia, il re aveva problemi economici e, forse per ragioni personali, lasciò che Giovanna venisse venduta per 10.000 franchi — soldi ricavati dalle tasse imposte in Normandia.

Quando apprese di essere stata venduta agli inglesi, Giovanna rimase scioccata, e lo fu ancor di più quando sentì che gli abitanti di Compiègne sarebbero stati massacrati dopo un assedio vincente. Così, cercò di scappare dalla sua torre lanciandosi da venti metri d'altezza in un fossato vuoto, testimoniando in seguito che avrebbe preferito morire piuttosto che essere consegnata agli inglesi e vedere la gente di Compiègne massacrata, negando però ogni intento suicida. La caduta le procurò una ferita ma, in un'altra rimarcabile dimostrazione delle sue straordinarie abilità fisiche, Giovanna si riprese presto. Al processo, ammise di aver sbagliato nel buttarsi giù: l'aveva fatto contravvenendo ai consigli delle sue voci, che l'avevano ammonita di confessare il proprio peccato e assicurarsi che la gente di Compiègne ricevesse aiuto da Dio. L'assedio fu sollevato il 24 ottobre.

Con una folta scorta a farle da guardia, Giovanna arrivò a Rouen il 23 dicembre. In Europa, molti si meravigliarono che fosse caduta in mano agli inglesi ed era convinzione diffusa che Dio l'avrebbe salvata e liberata. Gli inglesi erano diffidenti nei suoi confronti e la misero in catene. Per l'imputato di una corte ecclesiastica, la normale procedura prevedeva la detenzione in una prigione ecclesiastica, che sarebbe stata molto più confortevole dell'orribile trattamento riservatole dagli inglesi. Con lei sarebbero stati presenti preti e donne religiose, ma Cauchon e gli inglesi non le concessero questo lusso. Giovanna fu rinchiusa in una cella buia, nella torre muraria della fortezza di Bouvreuil, presidiata da soldati incalliti — uomini dei "più bassi ranghi" —, di cui tre dormirono nella cella con lei e due accanto alla porta. Con i ceppi alle caviglie e incatenata al letto, Giovanna visse nella paura costante di essere stuprata. Per accrescere la sua angoscia, le guardie la tormentarono in più di un'occasione con la prospettiva di rubarle la verginità.

21

Esperienza culmine
Interrogatorio e processo
Il Grande Gioco

Giovanna era una pericolosa avversaria militare per gli inglesi, che la trattennero come prigioniera di guerra. Per loro, tuttavia, una Giovanna martire era molto più pericolosa di una Giovanna viva, così tentarono di screditarla come eretica, blasfema e strega prima di condannarla a morte; esito che non fu mai in dubbio. Qualsiasi disonore a lei attribuibile avrebbe intaccato anche la reputazione di Carlo, mettendone in discussione la legittimità di re.

Per Pierre Cauchon e l'università di Parigi, che ne temevano la fuga, Giovanna era una pericolosa rivale politica che non poteva essere rinchiusa in una prigione ecclesiastica. Era una convinta sostenitrice del re da cui si erano allontanati ed era alleata degli Armagnacchi, a cui si opponevano. Nel tentativo di condannarla con accuse che non potevano provare, Cauchon e l'università di Parigi seguirono i propri interessi politici e personali, nonché quelli della fazione anglo-borgognona, piuttosto che quelli della vera Chiesa.

Ma, in termini storici, la questione era più complessa. L'impotenza di fronte alla peste, lo scandalo del papato Avignonese e lo scisma d'Occidente erano costati alla Chiesa una considerevole perdita di prestigio. Tale crisi d'autorità era stata ulteriormente complicata dall'arrivo sulla scena dei riformatori del quattordicesimo secolo. Lo studioso John Wycliffe (m. 1384) aveva tradotto la Bibbia in inglese, pubblicandola nel 1382. L'esistenza di una versione vernacolare permetteva a chiunque sapesse leggere di studiare e interpretare le Sacre Scritture in modo indipendente rispetto all'autorità della Chiesa. Le idee di Wycliffe erano state poi adottate da John Hus, bruciato sul rogo come eretico nel 1415. Ciò aveva causato una ribellione tra i suoi seguaci in Boemia, sfociata poi in una serie di guerre civili tra il 1419 e il 1434. A turbare i capi della Chiesa c'erano poi i nuovi movimenti spirituali che enfatizzavano l'ispirazione personale, la rivelazione privata, l'eccessiva venerazione dei santi e la coscienza individuale. Inoltre, la disillusione delle masse sul piano secolare, esplosa con la rivolta della Jacquerie in Francia e quella dei contadini in Inghilterra, minacciava non solo l'autorità civile ma anche quella ecclesiastica.

Nel periodo in cui Giovanna fu catturata, la Chiesa faticava a emergere da una prolungata crisi di credibilità e i suoi leader cercavano di esercitare il proprio potere per recuperare il rispetto perso. Agli occhi di Cauchon e dei suoi alleati nel clero, Giovanna e le sue voci erano la personificazione della minaccia posta all'autorità ecclesiastica dal populismo religioso, minaccia che speravano di screditare ed estirpare. Cauchon si vantava che avrebbero condotto un "bel processo", ma probabilmente rimase piuttosto sorpreso da come si svolsero gli eventi.

Al cospetto di Anna di Borgogna, duchessa di Bedford, Giovanna fu sottoposta a un'altra verifica della verginità, che venne nuovamente confermata. Questo fu un duro colpo per Cauchon e gli inglesi, così come l'infruttuosità dell'indagine avviata sulla vita di Giovanna a Domrémy, da cui non emersero colpe o mancanze in grado di screditarla.[22] Avendone accertato la verginità e in assenza di prove di eresia o stregoneria, i giudici non riuscirono a muoverle contro alcuna accusa. Jean Lemaître, frate domenicano e vice-inquisitore, sarebbe stato l'ufficiale ecclesiastico di grado più alto al processo, ma si rifiutò di parteciparvi affermando che farlo sarebbe andato contro la sua coscienza. Il procedimento non era cominciato bene per i giudici, che speravano però di trovare un pretesto per incriminare Giovanna durante il suo interrogatorio. Bedford e gli inglesi lo esigevano.

Il processo cominciò il 9 gennaio. Non ci fu mai alcun dubbio sul verdetto finale e forse la stessa Giovanna ne era consapevole, pur continuando a sperare in un evento miracoloso in grado di salvarla. Il viaggio della vita l'aveva portata a ripercorrere i passi del Signore della Storia, anch'Egli rimesso al volere di un nemico implacabile, 1400 anni prima, anch'egli costretto ad affrontare un processo falso e a soffrire una morte ugualmente pubblica, violenta e ingiusta. Alla fine, gli Anna e i Caifa dei Suoi giorni, e di quelli di Giovanna, non poterono far altro che equivocare le loro

---

[22] Cauchon fu molto deluso dai risultati dell'indagine a Domrémy.

parole e ripiegare su accuse prive di fondamento, dato che non fu mai prodotta alcuna prova sufficiente a condannarli.

La prima sessione si tenne il 21 febbraio, in un Mercoledì delle Ceneri. Prima dell'interrogatorio, Giovanna chiese di partecipare alla messa, ma il permesso le fu negato per via della serietà delle accuse contro di lei. Cauchon aprì la sessione chiedendole di mettere la mano sul Vangelo e giurare che avrebbe risposto sinceramente a ogni domanda. Giovanna si rifiutò, spiegando che non sapeva cosa le sarebbe stato chiesto e che le voci le avevano detto di non rivelare certi segreti. L'impasse si concluse con un compromesso: Giovanna avrebbe detto la verità riguardo alla sua fede religiosa ma non riguardo a tutto ciò che concerneva le sue rivelazioni private.

Le fu poi chiesto di dire il suo nome e parlare brevemente della famiglia e della sua città natale. Cauchon la invitò a recitare il Padre Nostro e Giovanna rispose che l'avrebbe fatto solo se lui l'avesse confessata. Questa richiesta mise Cauchon in una posizione delicata. Se si fosse rifiutato di confessarla, avrebbe disatteso una responsabilità del proprio ministero. Se avesse acconsentito, sarebbe stato costretto a osservare il segreto confessionale, senza rivelare quanto gli era stato detto. La prima sessione fu un assaggio di ciò che sarebbe seguito: un duello d'intelletto e forza di volontà tra Giovanna, privata di un avvocato, e Cauchon e i suoi alleati, teologi altamente qualificati e membri del corpo docenti dell'università di Parigi. Giovanna, tuttavia, si difese così bene che

Cauchon decise di spostare il processo dalla cappella del castello alla privacy della sua cella.

Tra i circa quaranta prelati e dottori in teologia, c'erano scribi incaricati di documentare il processo. Uno di questi era Guillame Manchon, che in seguito affermò di essere stato incoraggiato a snaturare le parole di Giovanna. Testimoniò anche che un notaio stava redigendo una copia ufficiosa del procedimento. Quando riportò tali irregolarità a Cauchon, il tutto si risolse con un rimprovero adirato.

Il riluttante Jean Lemaître giunse finalmente a Rouen per partecipare alla seconda sessione il 22 febbraio, solo in seguito alle lettere scritte da Cauchon ai suoi superiori. Ma Lemaître partecipò saltuariamente al processo e fu perlopiù assente, forse perché irritato dalle tattiche utilizzate negli interrogatori. Non essendoci prove di colpevolezza o crimini di cui accusarla formalmente, i prelati cercarono di confondere Giovanna, di stremarla facendo più domande in contemporanea e sovrapponendosi gli uni agli altri nel parlare. La interrompevano spesso per infastidirla, oppure ripetevano la stessa domanda in sessioni diverse e poi confrontavano le risposte in cerca di discrepanze.

Ma Giovanna si dimostrò all'altezza. Sopportò le sofferenze della prigionia con grande forza d'animo e mantenne una notevole compostezza di fronte ai suoi giudici. Era sempre in catene, ammanettata a un pesante blocco di legno di notte e costantemente tenuta d'occhio da inglesi "dei più bassi ranghi". Le sue voci le dissero di rispondere in modo audace e lei ribatteva con tale astuzia che ai notai fu ordinato di riportare le sue risposte in terza persona invece che in prima per smussare l'impatto delle sue affermazioni. Diversi testimoni riconobbero a Giovanna una memoria eccezionale e una sagacia che andava ben oltre i suoi anni e il suo livello d'istruzione.

Non trovando prove di eresia, blasfemia o stregoneria, i giudici si concentrarono a lungo sul fatto che Giovanna indossasse abiti maschili. Lei testimoniò che desiderava solo obbedire alla volontà di Dio in tutto e per tutto e che il suo modo di vestire era una questione di scarsa importanza. Gli Armagnacchi avevano accettato questa sua tendenza come soluzione pratica, visto che Giovanna viveva tra gli uomini e che spesso andava a cavallo. La sua scelta aveva senso anche dal punto di vista religioso: le voci le avevano ordinato di preservare la propria verginità, e i pantaloni erano molto più efficaci di un vestito nel prevenire uno stupro. Gli inquisitori tornarono sull'argomento a più riprese, come parte di una strategia volta a sfiancarla e confonderla.

Su questo e altri punti, Giovanna si difese così bene che il processo rischiò di mettere pubblicamente in imbarazzo Cauchon e i suoi alleati, contrapponendo il coraggio e l'intelligenza di Giovanna ai pregiudizi e alla veemenza dei suoi nemici, e provocando compassione nei suoi confronti da parte di quei giudici non schierati con Cauchon. Tra loro, c'era chi criticava l'eccessiva severità del vescovo di Beauvis, e alcuni lasciarono Rouen con discrezione quando capirono che Cauchon era pronto a ricorrere alla violenza. Cambiando tattica, lui e tre giudici selezionati presero a recarsi nella cella di Giovanna per condurre l'interrogatorio in modo privato — una delle tante irregolarità evidenziate al processo di riabilitazione.

Gli interrogatori privati nella cella di Giovanna continuarono quasi quotidianamente dal 10 al 17 marzo, ma malgrado le minacce di tortura e le domande incalzanti di diversi professori dell'università di Parigi, non emerse alcuna prova di colpevolezza. Finì così la fase preliminare del processo canonico di Giovanna, in cui si interrogava l'imputato dandogli l'opportunità di ritrattare prima che iniziasse il vero e proprio procedimento giuridico. Durante questo calvario, le voci confortarono Giovanna ogni giorno, dicendole che sarebbe stata liberata dalle sofferenze e invitandola ad accettare il martirio con serenità. Secondo lei, con "martirio" le voci intendevano i patimenti inflittile dal processo e dalla prigionia. Continuava quindi a sperare che non sarebbe morta e che qualche calamità l'avrebbe liberata. Ma le sue voci avevano altri piani.

La fase successiva del processo cominciò il 26 marzo. Nel periodo di pausa iniziato il 17 dello stesso mese, fu stilata una lista di accuse formali che venne letta a Giovanna il 27 e il 28 marzo. Le sue parole erano state distorte e molti capi d'accusa si basavano su documentazioni false. Altri ancora erano semplicemente inventati. A Giovanna fu chiesto di ribattere a ogni accusa dopo la lettura, ma le sue risposte rimasero coerenti con quelle date in precedenza. Si rifiutò di negare l'autenticità delle sue voci e l'origine divina della sua missione. Frustrato e senza vere prove,

Cauchon sapeva che l'unico modo di condannarla era costringerla a un'ammissione di colpa. Le intimò di sottomettersi alla sua autorità e a quella degli altri prelati riuniti a Rouen in quanto rappresentanti dell'autorità della Chiesa sulla terra.

Giovanna fu nuovamente interrogata in privato il 31 marzo. Sempre più disperati e sotto pressione inglese affinché arrivasse una condanna, i suoi inquisitori le chiesero di nuovo di sottomettersi alla loro autorità e di ammettere la propria colpevolezza. Durante la fase preliminare, Giovanna aveva già risposto a tale richiesta dicendo che si sarebbe sottomessa al papa se l'avessero portata al suo cospetto, concessione che le venne negata. Si difese anche ribadendo che la sua prima responsabilità era obbedire alla volontà di Dio, cosa che si sforzava sempre di fare, e ai consigli delle sue voci, dato che rappresentavano la volontà di Dio. Il suo rifiuto di sottomettersi al volere di Cauchon e degli altri giudici, ammettendo la propria colpevolezza, fu interpretato come offesa contro l'autorità della Chiesa.

Tra il 2 e il 7 aprile, i settanta capi d'accusa mossi contro Giovanna vennero riassunti in dodici e presentati ai giudici di Rouen e ai teologi dell'università di Parigi. Dopo aver mangiato del pesce arrivato dalla tavola di Cauchon, Giovanna si ammalò: credeva di essere stata avvelenata e lo disse ai suoi dottori. È possibile che, trovandosi oggetto delle forti pressioni degli inglesi per una condanna, il vescovo di Beauvis fosse ricorso a vie alternative pur di indebolirla. Nessuno, tuttavia, voleva che

Giovanna morisse in prigione. Cauchon le fece di nuovo visita il 18 aprile pretendendo la sua sottomissione ai giudici.

I teologi dell'università di Parigi concordarono all'unanimità sulla colpevolezza di Giovanna, ma non tutti i giudici furono d'accordo a condannarla prima di ulteriori tentativi per convincerla a sottomettersi all'autorità della Chiesa. Ciò mise Cauchon in una posizione difficile. Dimostrando ancora una volta un'incredibile tempra fisica e mentale, Giovanna si riprese dalla malattia. Il 10 maggio, fu minacciata di essere torturata davanti a due boia, Maugier Leparmentier e il suo assistente. Lei ribatté che, se anche le avessero strappato gli arti, non avrebbe risposto ad altre domande né cambiato le risposte precedenti. Leparmentier, presente alla sua esecuzione il 30 maggio, testimoniò l'eroismo di Giovanna e la compassione provata nei suoi confronti da molti presenti, inclusi alcuni inglesi.

Il 24 maggio, Cauchon fece portare Giovanna al cimitero dell'abbazia di Saint-Ouen, dove erano state costruite delle piattaforme. Su una di queste c'erano i dignitari della Chiesa, abati di monasteri locali, e i suoi giudici. Giovanna fu condotta sulla piattaforma opposta per ascoltare il sermone di Guillame Érard, un discorso pieno di recriminazioni volto a denunciare i suoi presunti crimini. A un tratto, Érard accusò anche Carlo VII: Giovanna lo interruppe per difendere il re e le fu ordinato di restare in silenzio. Quando Érard ebbe finito, la giovane si appellò di nuovo a Dio e al papa.

Le testimonianze oculari divergono a questo punto. Ciò che è chiaro è che le fu presentato un documento di abiura. Un testimone oculare, Aimond di Macy, affermò che Laurence Calot, segretario del re d'Inghilterra, consegnò il documento a Giovanna e le tenne la mano mentre lei lo firmava con una x. Jean Massieu, che era con lei sulla piattaforma, diede una testimonianza diversa. Disse che Giovanna ebbe difficoltà a comprendere il documento e chiese che le fosse spiegato dai chierici. Érard le disse semplicemente di firmarlo per sottomettersi alla Chiesa. Secondo Massieu, il documento era lungo otto righe e, tra le altre cose, stabiliva che Giovanna non avrebbe più indossato abiti maschili, che non si sarebbe più tagliata i capelli e che non avrebbe mai più imbracciato le armi contro gli inglesi. Tuttavia, lo stesso Massieu sostenne che il documento poi inserito negli atti ufficiali constava invece di quarantasette righe, in cui Giovanna ammetteva che le sue voci erano spiriti malvagi e che lei era colpevole dei crimini religiosi di cui era accusata.

Non è chiaro neppure come Giovanna si aspettasse di essere trattata dopo aver firmato l'abiura. Probabilmente credeva che avrebbe trascorso qualche anno in una prigione ecclesiastica per poi essere libera di tornare a Domrémy, com'era consuetudine per gli eretici pentiti. Durante la carcerazione, le sarebbe inoltre stato permesso di andare a messa e ricevere i sacramenti. Una volta firmato il documento, tuttavia, Giovanna scoprì che sarebbe rimasta in una prigione inglese, sorvegliata da guardie inglesi, per il resto della sua vita: una sorte che lei riteneva spaventosa.

Gli inglesi erano furiosi con Cauchon e gli altri ufficiali della Chiesa. Comprare Giovanna dai Borgognoni era costato molto e volevano vederla giustiziata. Alcuni nobili inglesi sguainarono la spada contro gli ecclesiastici, ma uno di loro li rassicurò che Giovanna non sarebbe sfuggita all'esito che desideravano.

Cauchon diede ordine di riportarla in cella. Le fu dato un vestito e le fu rasata la testa, come si usava fare con gli eretici penitenti. Tre giorni dopo, Giovanna indossava di nuovo abiti maschili. Non siamo sicuri di cosa sia successo in quei tre giorni, ma sembra che le guardie inglesi la tormentarono, minacciandone la verginità. Massieu testimoniò che una sera gli inglesi le tolsero il vestito, lasciandole solo abiti da uomo. A corto di opzioni, Giovanna riprese a indossarli il 27 maggio.

Qualunque cosa successe, Cauchon, Jean Lemaître e altri giudici andarono a farle visita il mattino successivo. Lei disse di aver ripreso a vestire abiti maschili di sua spontanea volontà dato che viveva tra uomini e che non aveva ricevuto ciò che le era stato promesso: era ancora rinchiusa in una prigione inglese e non in una ecclesiastica, era ancora tenuta in catene e non le era permesso di ricevere la comunione. Disse che avrebbe indossato abiti femminili solo se queste promesse fossero state mantenute. Quando le fu chiesto delle sue voci, rispose che le avevano di nuovo fatto visita dicendole che aveva sbagliato a firmare l'abiura. Ribadì che non aveva mai avuto intenzione di rinnegarle e aggiunse che era stata la paura di essere bruciata viva a intaccare la sua determinazione. Ai giudici fu chiaro che Giovanna aveva ritrovato la sua audacia e che la prospettiva di passare il resto della vita in una prigione inglese la atterriva.

Cauchon ebbe così il pretesto necessario a condannarla come eretica recidiva. Il 30 maggio, Giovanna ricevette la visita di due frati domenicani. Martin Ladvenu ascoltò la sua confessione e la informò che l'indomani sarebbe stata consegnata agli inglesi per essere giustiziata e bruciata sul rogo. Giovanna cominciò a piangere e disperarsi, strappandosi i capelli e protestando contro Dio perché era stata trattata con estrema ingiustizia. Si lamentò in particolare della durezza e della violenza delle guardie inglesi e, quando tornò a trovarla, incolpò Cauchon delle sue sventure terrene.

Fu in seguito riportato da Jean Massieu che, dopo la confessione, Giovanna chiese a Ladvenu di ricevere l'eucaristia. Questi, incerto, inviò un messaggero a Cauchon per chiedere il permesso. In uno dei più sorprendenti risvolti del processo, Cauchon acconsentì a farle ricevere l'eucaristia e a concederle qualsiasi altra cosa chiedesse. Permettere a un'eretica recidiva e scomunicata di ricevere la comunione era sacrilego, e il fatto che Cauchon gliela concesse ci porta a chiederci se egli credesse sul serio che Giovanna fosse colpevole di un peccato mortale e dei crimini per cui era stata condannata.

22

Deus ex machina
Il momento-eroe di Giovanna
Vergine, eroina, martire, santa

Nuove piattaforme furono erette il giorno successivo, stavolta in piazza del Mercato Vecchio, dove Giovanna avrebbe trascorso i suoi ultimi, dolorosi istanti. Delle guardie inglesi e dei giudici a lei solidali la prelevarono dalla cella, la fecero salire su un carro che attendeva all'esterno e la condussero, attraverso le vie di Rouen, al luogo dell'esecuzione. Gli astanti urlavano e gemevano per la sorte toccata alla giovane sventurata, e una grossa folla si riunì per ascoltare Nicolas Midy e il suo sermone finale contro Giovanna. Stando a Jean Massieu, erano presenti ottocento soldati armati inglesi, pronti a sventare eventuali fughe o tentativi di salvataggio.

Durante l'intero svolgimento, Giovanna pregò ad alta voce rivolgendosi a Dio e alle sue voci, fiduciosa che l'avrebbero salvata. Quando Midy finì il sermone, Cauchon si fece avanti per annunciare il verdetto. Elencati i presunti reati e i metodi utilizzati dalla Chiesa per spingerla al pentimento, il vescovo pronunciò la pena ecclesiale della scomunica e la consegnò ufficialmente agli inglesi per l'esecuzione. In seguito, al processo di riabilitazione, fu evidenziato che Cauchon non aveva ottenuto la sentenza di una corte secolare prima di consegnare Giovanna per l'esecuzione: un'omissione grave, poiché la Chiesa non aveva il potere di condannare un individuo a morte.

Nel giro di un attimo, le guardie la spinsero sul patibolo e ordinarono al boia, Geoffrey Thérage, di compiere il suo dovere. Mentre veniva incatenata al palo, Giovanna chiese di avere una croce. Un inglese nelle vicinanze ne ricavò una da due bastoncini di legno e gliela passò. Lei la baciò con devozione e se la portò al petto mentre pregava ad alta voce. Frate Isambard de La Pierre si recò in una chiesa nei paraggi e tornò a sua volta con una croce, che Giovanna aveva chiesto venisse tenuta in alto per poterla guardare mentre bruciava. Massieu le restò accanto sul patibolo, offrendole conforto e compassione, finché un capitano inglese non lo approcciò chiedendogli se avesse intenzione di tenerli tutti lì "fino a cena".

Le impazienti guardie inglesi fecero allontanare i chierici dal patibolo senza ulteriori indugi e ordinarono a Thérage di attuare il decreto del vescovo e concludere quella brutta faccenda. Il boia esitò negli istanti finali ma alla fine obbedì, arrendendosi tristemente alla percepita inevitabilità del momento, proprio come Pilato 1400 anni prima. La legna intorno a Giovanna fu accesa e i ramoscelli d'innesco scoppiettarono tra le fiamme mentre il fumo si diffondeva sopra e attraverso la folla. La legna era stata posizionata più distante dal palo per rendere la morte ancora più dolorosa, a definitiva testimonianza della vendicatività dei suoi nemici. Il calore si fece più intenso e la voce sofferente di Giovanna continuò a sentirsi, forte e chiara. I suoi lamenti accompagnarono il fumo che si innalzava verso il cielo come l'incenso di un antico olocausto ebraico.

«GESÙ!...»

Le fiamme si alzavano veloci sulla pira.

«GESÙ!...»

Molte delle guardie inglesi si azzittirono, non più certe che la loro fosse una giusta causa.

«GESÙ!...»

Il chiacchiericcio della folla si acquietò mentre la gente di Rouen si sforzava di ascoltare le ultime parole di Giovanna.

«GESÙ!...»

Le fiamme avvolsero la sventurata mentre lo scoppiettio diventava un rumore infernale. Bedford si chiese per un momento in che modo una tale esecuzione potesse favorire gli interessi inglesi. Cauchon represse un'indignazione interiore che minacciava di intaccare la sua implacabile determinazione.

«GESÙ!...»

Tra gli astanti, molti furono mossi a pietà, alcuni fino alle lacrime. Persino tra le guardie inglesi, i cuori più duri si addolcirono, come a volte succede quando la vita di uno di noi, nato da una madre umana, è sul punto di spegnersi.

«GESÙ!...»

Prima che arrivasse la fine, Thérage capì. Non era stato lui a condannare Giovanna di alcun crimine o a torturarla per un'insensata confessione. Stava solo facendo il suo lavoro, ma capì che in quel momento stavano uccidendo una santa.

«GESÙ!...»

...disse la voce un'ultima volta, la sagoma di Giovanna appena visibile nell'inferno che la divorava.

Alla fine, chinò la testa e non parlò più.

~

Il crepitare delle fiamme continuò. Per il resto, prevalse il silenzio.

Era finita. I nemici di Giovanna avevano ottenuto ciò che volevano. Un senso di finalità pervase la scena, ma il compiacimento scarseggiava in chi l'aveva un tempo considerata una rivale. Dolore e rimpianto, prima solo accennati o addirittura mai provati, sbocciarono prepotenti, e persino tra le guardie inglesi, alcuni cuori furono cambiati per sempre.

L'esecuzione era avvenuta in una piazza pubblica, sotto il cielo testimone – come se la franchezza dell'atto lo rendesse moralmente giustificabile.

Né strega, né blasfema, né puttana. A Bedford non restò che chiedersi a cosa avrebbe portato quell'atto.

~

I resti di Giovanna furono bruciati tre volte. Quando le fiamme finalmente si spensero, gli inglesi raccolsero le ceneri e le gettarono nella Senna. Nessuna commemorazione, nessun cimitero o tomba, nessuna testimonianza finale per quella giovane eroina di Domrémy, se non quella che la storia e la Chiesa, alla fine, le hanno accordato.

23

Vittoria e rivendicazione
La Guerra dei cent'anni (1431–1453)

Dopo la morte di Giovanna e credendo di essersi sbarazzati di un pericoloso nemico, gli inglesi ripresero la campagna militare contro Carlo e gli Armagnacchi, mettendo sotto assedio Louviers, che si arrese il 28 ottobre 1431. Il cognato di Carlo, Renato d'Angiò, cadde prigioniero nella battaglia di Bulgnéville, e un esercito reale fu sconfitto nei pressi di Beauvis e Champagne. Enrico VI, il re novenne d'Inghilterra, fu portato oltremanica per essere consacrato re di Francia a Notre-Dame, domenica 16 dicembre. La santa ampolla, però, rimaneva custodita nell'abbazia di Saint-Remi, a Reims.

Il 20 febbraio 1432, Jean d'Orléans riconquistò Chartres e, più tardi quell'anno, il duca di Bedford fu costretto a sollevare l'assedio su Lagny. A Chinon, un tentato omicidio nei confronti di La Trémoïlle fallì perché il suo eccessivo sovrappeso evitò che la spada gli infliggesse una ferita profonda. Finì in prigione per un breve periodo e fu poi espulso dalla corte di Carlo. Ciò segnò un cambiamento nel modo in cui il re e i suoi consiglieri avrebbero condotto gli affari interni. La popolazione francese voleva una risposta militare più decisa contro gli inglesi e La Trémoïlle andava sostituito.

Eppure, gli sforzi diplomatici tra Carlo e i Borgognoni continuavano. Una svolta arrivò nel 1432, quando la moglie di Bedford, nonché sorella del duca di Borgogna, morì. La sua dipartita fece venir meno il forte legame tra Bedford e i Borgognoni, e la simpatia di Filippo per gli inglesi scemò a sua volta. Nel gennaio 1435, si tennero dei colloqui di pace a Nevers tra francesi e Borgognoni, ma non si arrivò a un accordo. Un'altra serie di negoziati, che incluse gli inglesi, si tenne ad agosto, nella città di Arras, ma i delegati d'oltremanica se ne andarono dopo sei settimane, rifiutandosi di negoziare sulla Normandia o sul trono francese. Bedford morì a Rouen il 12 settembre, lasciandosi dietro un vuoto di potere in quanto reggente di Enrico VI in Francia. Lo sostituì Luigi di Lussemburgo, che non aveva né le abilità né il tatto del suo predecessore e che alienò le simpatie della popolazione parigina.

La morte di Bedford mise di fatto fine all'alleanza anglo-borgognona, sottraendo un importante ostacolo alla riconciliazione tra Carlo e Filippo. Il trattato di Arras fu firmato il 21 settembre e Filippo riconobbe Carlo come legittimo re di Francia. In cambio, quest'ultimo gli concesse ulteriori possedimenti e promise che i propri rappresentanti si sarebbero inginocchiati al suo cospetto in segno di scuse per l'omicidio di

Giovanni Senza Paura. Promise inoltre di costruire un monumento in nome dello stesso Giovanni.

La guerra civile era finalmente terminata e i Borgognoni abbandonarono la causa inglese. Paradossalmente, Isabella di Baviera, che aveva supportato il trattato di Troyes e negato la legittimità della corona di Carlo, morì il 24 settembre.

Gli inglesi si fecero beffe del trattato di Arras, considerandolo un tradimento di Filippo nei confronti di Enrico. Ma la marea della guerra si riversò con più veemenza contro di loro quando le insurrezioni popolari nella Francia settentrionale li costrinsero ad abbandonare i presidi rimasti. Nel febbraio 1436, sotto la guida del conestabile Arturo di Richemont, che aveva rimpiazzato La Trémoïlle nella corte di Carlo, le forze francesi misero sotto assedio Parigi. Ad assistere il conestabile, intervennero anche Jean d'Orléans e il borgognone Villiers de l'Isle Adam. Il 17 aprile 1436, Richemont entrò in città con l'aiuto dei cittadini parigini. Dopo brevi negoziazioni, alla guarnigione inglese fu concesso di andarsene sana e salva, cosa che fece tra fischi e grida di scherno. Nel 1437, Carlo entrò a Parigi trionfante, facendo avverare la predizione fatta da Giovanna a Poitiers, nel 1429, secondo cui Parigi sarebbe tornata fedele a Carlo nel giro di sette anni.

Un'altra predizione di Giovanna si avverò nel 1440, quando Carlo, duca d'Orléans, tornò in Francia dopo venticinque anni di una prigionia inglese piuttosto comoda. Il 1440 vide anche una cospirazione contro Carlo VII, conosciuta come la Praguerie e ordita da un gruppo di nobili delusi, tra cui il suo ex alleato, il duca d'Alençon, e i duchi di Borbone e di Bretagna, gelosi del potere di Richemont. Vi fu coinvolto anche il duca di Borgogna e figlio di Carlo, il delfino Luigi, in cerca di un potere che il padre non voleva concedergli. Per il resto della vita, Carlo avrebbe avuto una relazione tumultuosa con l'ambizioso figlio, e nel 1446 lo esiliò nel Delfinato. Più in là, gli ordinò di tornare a corte, ma Luigi si rifiutò di obbedire e trovò rifugio presso Filippo, nel 1456.

Gli scontri tra francesi e inglesi continuarono, malgrado parte della nobiltà inglese, compresi i duchi di Beaufort e Suffolk, caldeggiassero la pace. Suffolk riuscì a ottenere la tregua di Tours nel 1444, che durò due anni e stipulò che la Francia avrebbe ottenuto il controllo della contea di Le Maine, mentre Enrico VI avrebbe ricevuto in sposa Margherita d'Angiò, figlia di Renato d'Angiò e nipote sedicenne di Carlo. I due si sposarono nel febbraio 1445 e lei fu incoronata regina a maggio. Margherita era caparbia e profondamente francese, e non appoggiava l'ambizione al trono di Francia del re inglese. Enrico, di contro, era di mente e costituzione debole e Margherita riuscì a esercitare un certo controllo su di lui. Il popolo inglese la detestava.

Le Maine fu ceduta alla Francia nel 1448 e la tregua fu rinnovata per altri due anni, fino al 1450. Nel 1449, gli inglesi assaltarono la fortezza di confine di Fougéres, fornendo a Carlo il pretesto per una campagna militare in Normandia. Nel corso degli anni, il re aveva riformato le forze militari francesi, facendone il primo esercito permanente europeo completamente pagato. Le riforme avevano incluso anche lo sviluppo dell'artiglieria e l'addestramento di un corpo artiglieri. La campagna francese in Normandia cominciò nel luglio 1449, e Carlo entrò nella capitale, Rouen, a novembre, dopo una rivolta cittadina contro gli inglesi. Alla guarnigione nemica fu offerto un salvacondotto per lasciare la città, a patto che Talbot, il comandante inglese, restasse come prigioniero.

Il 15 marzo 1450, Thomas Kyriell approdò a Cherbourg con quattromila soldati inglesi e marciò verso Bayeux per sollevare l'assedio francese. Nei pressi del villaggio di Fromigny, però, fu intercettato dal conte di Clermont. I francesi si rifiutarono di attaccare come avevano fatto a Crécy, Poitiers e Azincourt, e si affidarono ai cannoni. Richemont arrivò verso sera a supporto di Clermont e le forze avversarie furono sbaragliate. La disfatta rese impossibile per gli inglesi difendere la Normandia.

I re d'Inghilterra avevano beneficiato del possesso dell'influente ducato di Normandia dal 1066, quando Guglielmo il Conquistatore aveva ottenuto la corona sconfiggendo Aroldo II nella battaglia di Hastings. La conquista normanna da parte dell'Inghilterra era stata una continua fonte di attrito tra i re francesi e inglesi, e il 1066 può essere considerato l'origine della Guerra dei cent'anni. Quasi quattrocento anni dopo, questa spina fu tolta dal fianco del re di Francia, permettendo a Carlo VII di aggiudicarsi la vittoria della Guerra dei cent'anni. Il destino della sua controparte, Enrico VI d'Inghilterra, sarebbe stato molto più infelice.

Ottenuto il controllo di Rouen, Carlo ordinò al suo consigliere, Guillaume Bouillé, di aprire un'indagine sul processo e l'esecuzione di Giovanna. Chi vi aveva preso parte ed era ancora in vita fu chiamato a testimoniare a cominciare dal 2 maggio 1450. Tra i convocati c'erano:

- Guillaume Manchon (notaio)
- Pierre Miget (giudice)
- Quattro frati domenicani: Isambart de La Pierre, Martin Ladvenu (che erano sul patibolo con Giovanna), Guillaume Duval e Jean Toutmouillé
- Jean Massieu (che aveva accompagnato Giovanna dalla cella al tribunale prima di ogni udienza)
- Jean Beaupére (un sostenitore di Cauchon)

Tra coloro che non poterono partecipare all'indagine c'erano tre dei più implacabili nemici di Giovanna:

- Pierre Cauchon (m. 1442)
- Jean d'Estivet (m. 1438)
- Nicolas Midy (m. 1442)

L'inchiesta culminò in una petizione alla Santa Sede per avviare un processo di riabilitazione. Il 7 novembre 1455, in una cerimonia pubblica organizzata da Carlo e dai suoi consiglieri, e tenutasi nella cattedrale di Notre Dame di Parigi, Isabelle Romée, l'anziana madre di Giovanna, chiese a tre rappresentanti del papa l'apertura di un processo di riabilitazione. Il procedimento fu spostato nel palazzo arcivescovile di Rouen e si concluse il 7 luglio 1456 con una dichiarazione di nullità.

Nel tempo che passò tra l'inchiesta iniziale e il verdetto finale, i francesi continuarono a fare pressione sui presidi ancora controllati dagli inglesi. Nel 1453, Carlo inviò delle truppe in Guienna e Guascogna per cacciare definitivamente i rivali dal territorio francese. La battaglia di Castillon fu combattuta il 17 luglio, prima occasione in cui l'artiglieria da campo fu usata ampiamente sul campo di battaglia. In quel caso, furono gli inglesi a muovere l'attacco, e i cannoni francesi li annientarono a decine. Chi non restò ucciso si arrese. La vittoria fu schiacciante e, dopo tre secoli di occupazione inglese, i francesi riacquisirono final- mente Guienna e Guascogna.[23]

All'epoca non si sapeva, ma la battaglia di Castillon segnò la fine della Guerra dei cent'anni. Soltanto Calais era ancora in mano agli inglesi. In un ironico scherzo del destino, inoltre, la stessa Inghilterra sarebbe presto precipitata in una guerra civile, la Guerra delle due rose, che durò dal 1455 al 1485.

---

[23] Quello stesso anno, il 1453, Costantinopoli cadde sotto il controllo dei Turchi ottomani.

Londra

INGHILTERRA

SACRO
ROMANO
IMPERO

FIANDRE

Calais

Azincourt

Canale della Manica

Crécy

Rouen

Compiègne

NORMANDIA

Reims   Vaucouleurs

Fiume Senna

BRETAGNA

Parigi

ANGIÒ   Patay   Domrémy

Orléans

Fiume Loira

Troyes

POITOU   Chinon

BORGOGNA

Nevers

Poitiers

Bourges

AQUITANIA

1453   Castillon

DELFINATO

Bordeaux

Fiume Garonna

GUIENNA

ARMAGNAC

GUASCOGNA   Tolosa

Avignone

LINGUADOCA

NAVARRA

*Mar
Mediterraneo*

ARAGONA

Conclusioni

Gli storici cercano giustamente di valutare l'efficacia di Giovanna in quanto comandante militare. I suoi successi furono in gran parte dovuti alla sua personalità dinamica, all'ispirazione e alla spinta motivazionale che seppe dare alle truppe, nonché alla tenace determinazione nell'obbedire alle sue voci. Giovanna era in missione in ogni senso, e non diede mai adito ad alcuna ambiguità riguardo alla natura di tale missione.

Dopo il suo contributo nella battaglia di Orléans, i risultati delle sue imprese militari furono altalenanti. Gran parte del merito per la vittoria finale sugli inglesi fu di comandanti come Jean d'Orléans, Alençon e La Hire. Non essendo addestrata in fatto di scienze militari, il repertorio tattico e strategico di Giovanna era limitato. Se lettere e minacce verbali fallivano nell'indurre alla resa, l'unica alternativa per lei era un attacco implacabile. Stendardo alla mano, la si trovava spesso in mezzo alle truppe o a guidare una carica. La diplomazia non faceva parte del suo arsenale di guerra, caratteristica che differiva nettamente dalla politica di Carlo nei confronti dei Borgognoni.

Ma la domanda rimane: i francesi avrebbero vinto senza di lei? Probabilmente no. Molti, all'epoca, credevano che gli inglesi fossero a un passo dalla vittoria durante l'assedio di Orléans, ma l'arrivo improvviso e inaspettato di Giovanna infuse nuova speranza nel demoralizzato esercito reale, e la Pulzella ricoprì un ruolo cruciale nel sollevare l'assedio e durante la campagna della Loira. Nella sua prima battaglia a Saint-Loup, Giovanna arrivò tardi sul campo di battaglia dopo essere stata svegliata dalle sue voci. La sua apparizione ebbe un impatto immediato sul morale delle truppe e, per la prima volta durante l'assedio d'Orléans, i francesi riuscirono a cacciare gli inglesi da una delle loro fortificazioni. La sua fiducia in sé stessa crebbe con costanza, fino a raggiungere l'apice a Reims.

La Francia non aveva nessuno in grado di dissipare la disperazione che permeava lo schieramento armagnacco, finché non arrivò Giovanna, che fece appello alle convinzioni religiose e al senso d'identità francese dei soldati come nessuno aveva mai fatto. Offrì una guida, sia nelle parole che nelle azioni, e rianimò la fiducia nella causa delfinista affermando che Dio li avrebbe portati alla vittoria. Solo lei tra tutte le vergini poteva dichiarare di essere stata inviata dal Signore e portarne le prove tangibili. Non poteva però essere una stratega militare: per forza di cose, quel ruolo spettava ad altri. Malgrado una fiducia in sé stessa a volte smodata, Giovanna non era tagliata per ricoprirlo.

Tuttavia, se si considera la sua vera missione e vocazione, Giovanna ebbe successo su ogni fronte. È incredibile che a

Vaucouleurs riuscì a persuadere Baudricourt a fornirle una scorta armata per arrivare a Chinon e ad essere poi ammessa nelle sale reali grazie soltanto a una lettera di raccomandazione e alla sua reputazione di Pulzella che avrebbe salvato la Francia. Riconobbe Carlo in mezzo alla folla senza averlo mai visto prima e, quando lui la mise ancora alla prova indicando un uomo lì accanto e identificandolo come delfino, Giovanna riconobbe lo stratagemma. In meno di un mese, le fu dato un posto nell'esercito armagnacco, malgrado non fosse il ruolo di comando che lei credeva di meritare. La vittoria di Orléans confermò la sua autenticità e ne consolidò la rilevanza negli eventi geopolitici di quei tempi. Il suo posto nella storia fu assicurato per sempre quando convinse il delfino a raggiungere Reims, presenziando all'incoronazione con addosso l'armatura.

Gli altalenanti risultati militari che seguirono alla liberazione di Orléans non sminuiscono in alcun modo il successo della sua vera missione e vocazione: al contrario, lo rivelano. La serie di eventi innescata con la sua cattura assicurò che le vicende di Giovanna rimanessero per sempre impresse nelle pagine della storia e nell'eternità. La canonizzazione fu la sua incoronazione, una vittoria finale contro il Sinedrio che l'aveva processata e condannata a morte. Le voci le avevano sempre assicurato la salvezza, ma Giovanna non diede mai a intendere di aver compreso quanto grandiosa essa sarebbe stata.

~

Giovanna fu canonizzata il 16 maggio 1920, circa cinquecento anni dopo il suo martirio. Il 17 maggio 1925, quasi esattamente cinque anni dopo, fu canonizzata un'altra santa francese morta giovane, Teresa di Lisieux. Le loro vite non potrebbero essere più diverse:

- Giovanna era una contadina medievale vissuta all'inizio del quindicesimo secolo e all'ombra di un tremendo quattordicesimo secolo. Teresa di Lisieux apparteneva alla borghesia del diciannovesimo secolo e conduceva una vita provinciale in una pacifica e fiorente Normandia;

- Giovanna aveva tre fratelli e una sorella, nessuno dei quali intraprese la vita religiosa. Teresa era l'ultima di nove figli (di cui quattro morti da piccoli), tutti avviati alla vita religiosa;

- si crede che Giovanna sia nata il 6 gennaio (Epifania). Sappiamo che Teresa nacque il 2 gennaio ad Alençon, e Giovanna strinse una profonda amicizia e alleanza sul campo con Giovanni II, duca d'Alençon, che lei chiamava il suo "bel duca";

- Teresa nacque nel 1873, dopo la guerra franco-prussiana, e morì nel 1897, durante l'escalation militare che avrebbe portato alla Prima guerra mondiale, ma la Francia non fu mai in guerra mentre lei era in vita. Giovanna visse continuamente all'ombra della guerra e la sua missione la costrinse a partecipare al conflitto armato;

- Giovanna non mostrò rimorso per aver lasciato la famiglia, e al processo testimoniò che l'avrebbe fatto di nuovo se Dio gliel'avesse chiesto. Teresa, invece, era molto attaccata al suo nucleo familiare. La madre, Zelie Guerin, morì quando lei aveva quattro anni e mezzo, e Teresa soffrì di un esaurimento nervoso. Ebbe un episodio simile anche quando le sorelle andarono a vivere in convento e, quando Paolina partì, Teresa sembrò vicina alla morte. Più tardi, già suora carmelitana, soffrì profondamente durante la lenta morte del padre, Louis Martin, nel 1894;

- dalla morte della madre ai primi anni dell'adolescenza, Teresa fu una ragazzina molto sensibile, timida, schiva e spesso soggetta a crisi di pianto. Anche Giovanna tendeva a scoppiare in lacrime e mostrava rammarico alla vista dei soldati morti, ma non era particolarmente sensibile o timida, e si cambiava regolarmente i vestiti di fronte ai soldati maschi;

- Giovanna fu chiamata dalle sue voci al servizio militare attivo e a prender parte agli eventi geopolitici del suo tempo. Teresa fu chiamata alla vita isolata e contemplativa del convento;

- Teresa rispettava l'autorità e spesso si professava "debole" e "impotente", riferendosi a sé stessa come a un "piccolo fiore". Giovanna era spavalda, dotata di uno spirito da guerriera, dinamica e autoritaria durante il servizio militare, e mai deferente nei confronti dell'autorità, persino di quella reale;

- come molti francesi del suo tempo, Teresa considerava Giovanna un simbolo del nazionalismo francese e le era devota come lo si è a una santa. Scrisse un'opera teatrale su di lei e la interpretò davanti alla comunità religiosa. Compose anche diverse poesie su Giovanna;

- non abbiamo immagini di Giovanna, ma i suoi contemporanei non allusero quasi mai alla sua bellezza. A giudicare dalle foto pervenuteci, appare chiaro che Teresa fosse bella, fascino attestato dai suoi contemporanei;

- Giovanna incoronò un re. Teresa incontrò un papa;

- Giovanna non era istruita, ma la sua storia fu riportata nelle trascrizioni dei suoi due processi. La priora di Teresa, madre Maria di Gonzaga, le chiese di scrivere la storia della propria vita, che da allora è diventata un famoso classico cattolico intitolato *Storia di un'anima*. Su entrambe le sante sono stati scritti molti libri;

- Giovanna fu pubblicamente martirizzata a diciannove anni. I suoi ultimi istanti furono ferocemente dolorosi ma relativamente brevi. Teresa morì di tubercolosi a ventiquattro anni, nell'anonimato. La sua fu una morte prolungata e dolorosa, perché la superiora credeva che i religiosi dovessero soffrire senza ricorrere agli anti-dolorifici e non concesse a Teresa di ricevere la morfina. La sua agonia finale durò dodici ore;

- Giovanna divenne famosa per l'importante contributo dato nella Guerra dei cent'anni e fu proclamata santa patrona di Francia alla sua canonizzazione. Teresa diventò famosa e fu nominata trentatreesimo Dottore della Chiesa per la sua riflessione sull'"infanzia spirituale" e la dottrina della "piccola via";

- La missione di Giovanna, in parole sue, era:

  1. cacciare gli inglesi;

  2. portare il delfino a Reims per essere incoronato;

3. liberare Carlo, duca di Orléans, dalla prigionia in Inghilterra;

4. sollevare l'assedio di Orléans.

- Alla fine della sua vita, Teresa disse della sua missione:

> Sento che sta per cominciare la mia missione, la missione di far amare il buon Dio come lo amo io, di dare alle anime la mia "piccola via". Voglio trascorrere il mio Paradiso facendo del bene sulla terra.[24]

Malgrado le loro differenze, Giovanna e Teresa hanno molto in comune. Nello specifico:

- erano unite nella loro devozione a Dio e nell'estrema fiducia nella Provvidenza;

- avevano madri devote da cui ricevettero un'educazione religiosa;

- erano vergini;

- furono chiamate a una missione;

- vissero un evento-eroe e un momento-eroe: Giovanna nella sua missione pubblica, che culminò nel martirio, e Teresa nella sua malattia finale, che culminò in una morte lenta e dolorosa;

---

[24] Tradotto da St. Thérèse of Lisieux, *The Story of a Soul: The Autobiography of St. Thérèse of Lisieux*, trad. Michael Day, (Charlotte, NC: TAN Books, 2010), 173–4.

- dimostrarono una carità eroica, il requisito fondamentale per ogni candidato alla santità (ossia un amore di levatura eroica per Dio e per il prossimo);

- sono diventate sante amate e ampiamente note.

Questo confronto tra Giovanna la Pulzella e Teresa di Lisieux evidenzia che i santi-eroi possono appartenere a qualsiasi estrazione sociale, a qualunque epoca o luogo, che ci sono quelli modesti e sconosciuti e quelli che diventano storicamente famosi. Alla luce di queste storie eroiche di santi, mentre la storia della nostra vita viene scritta giorno dopo giorno, dovremmo chiederci se quella che stiamo conducendo è la nostra "ricerca dell'eroe" o solo una ricerca vacua:

- Le nostre priorità di vita sono nel giusto ordine?

- Stiamo conducendo una vita virtuosa, restando vicini a Dio con la preghiera?

- Stiamo rispondendo alla chiamata di Dio per vivere la storia eroica che Egli vuole scrivere con la nostra vita?

- Dove ci aspettiamo finisca il nostro viaggio terreno?

- Che ruolo gioca il Signore della Storia nella storia della nostra vita?

É una verità spirituale fondamentale che Dio ci dà sempre ciò che vogliamo; ma Egli ottiene sempre ciò che vuole da noi? In un momento di quiete e riflessione davanti a Dio, dovremmo chiederci: esiste modo migliore di trascorrere la vita se non con la speranza di diventare santi?

> Devo ammettere che leggendo certe storie cavalleresche, non sempre comprendevo le realtà della vita; nel mio entusiasmo desideravo imitare tutte le gesta patriottiche delle eroine francesi, soprattutto di Giovanna d'Arco. Fu allora che ricevetti quella che ho sempre considerato una delle grazie maggiori della mia vita… [Dio] mi insegnò che l'unica gloria che conta è quella che dura in eterno e che non sono necessari atti eclatanti per ottenerla. […] Poi mi fu rivelato nel cuore che la mia gloria consisterà nel diventare santa, anche se essa mi sarà nascosta sulla terra.[25]

> — Santa Teresa di Lisieux

---

[25] Tradotto da St. Thérèse of Lisieux, *Story of a Soul*, p. 40.

Sull'autore

Frate Emmanuel Labrise, O.S.B., ha conseguito la laurea di I livello presso il Saint Vincent College, una laurea magistrale presso la Bowling Green State University e una presso la Notre Dame Seminary. Monaco contemplativo con oltre vent'anni di esperienza nella vita monastica, è stato per sei anni membro dell'Ordine certosino ed è un monaco dell'Ordine di San Benedetto dal 2009. Tra i suoi altri incarichi, ha insegnato in un istituto seminariale, lavorato in un programma di formazione seminariale e tenuto conferenze in una casa di ritiro spirituale. Al momento conduce una vita eremitica, le cui attività principali sono la preghiera, la lettura, la riflessione e la scrittura.

Note e riflessioni personali:

Note e riflessioni personali: